Gestão da diversidade e da interculturalidade nas organizações

Gestão da diversidade e da interculturalidade nas organizações

Patricia Itala Ferreira

Rua Clara Vendramin, 58 – Mossunguê
CEP 81200-170 – Curitiba – Paraná – Brasil
Fone: (41) 2106-4170
www.intersaberes.com
editora@intersaberes.com

Conselho editorial
Dr. Ivo José Both (presidente)
Dr. Alexandre Coutinho Pagliarini
Drª Elena Godoy
Dr. Neri dos Santos
Dr. Ulf Gregor Baranow

Editora-chefe
Lindsay Azambuja

Gerente editorial
Ariadne Nunes Wenger

Assistente editorial
Daniela Viroli Pereira Pinto

Preparação de originais
Arte e Texto Edição e Revisão de Textos

Edição de texto
Mycaelle Albuquerque Sales
Larissa Carolina de Andrade

Capa
Iná Trigo (*design*)
G-Stock Studio e Klavdiya Krinichnaya/Shutterstock

Projeto gráfico
Allyne Miara

Diagramação
Maiane Gabriele de Araujo

Equipe de *design*
Débora Gipiela
Iná Trigo

Iconografia
Regina Claudia Cruz Prestes

Dados Internacionais de Catalogação na Publicação (CIP)
(Câmara Brasileira do Livro, SP, Brasil)

Ferreira, Patricia Itala
    Gestão da diversidade e da interculturalidade nas organizações/ Patricia Itala Ferreira. Curitiba: InterSaberes, 2021.

    Bibliografia.
    ISBN 978-65-89818-19-9

    1. Diversidade no ambiente de trabalho 2. Multiculturalismo 3. Organizações – Administração 4. Responsabilidade social da empresa I. Título.

21-61386   CDD-658.3008

Índice para catálogo sistemático:
1. Diversidade: Interculturalidade: Organizações: Administração   658.3008

Cibele Maria Dias – Bibliotecária – CRB-8/9427

1ª edição, 2021.

Foi feito o depósito legal.

Informamos que é de inteira responsabilidade da autora a emissão de conceitos.

Nenhuma parte desta publicação poderá ser reproduzida por qualquer meio ou forma sem a prévia autorização da Editora InterSaberes.

A violação dos direitos autorais é crime estabelecido na Lei n. 9.610/1998 e punido pelo art. 184 do Código Penal.

Sumário

Apresentação   7

Capítulo 1
Ações afirmativas e diversidade   10
1.1 Ações afirmativas   10
1.2 Diversidade   16

Capítulo 2
Gestão da diversidade   26
2.1 A diversidade e sua gestão   28
2.2 Estágios e impactos da gestão da diversidade   32
2.3 Gestão de RH na diversidade   41

Capítulo 3
Diversidade das pessoas com deficiência   60
3.1 Legislação específica   61
3.2 ODS e sua relação com as PcDs   67
3.3 Gestão de RH na inclusão de PcDs   71

Capítulo 4
Diversidade geracional   84
4.1 Diversidade geracional e seus impactos nas organizações   85
4.2 Gestão de RH na diversidade geracional   95
4.3 Indicadores e práticas de RH na diversidade geracional   102

Capítulo 5
Diversidade de gênero   **108**
5.1 A posição da mulher no mercado de trabalho:
breve histórico   111
5.2 Gestão de RH na diversidade de gênero   120
5.3 ODS e sua relação com a igualdade de gênero   132

Capítulo 6
Diversidade racial   **136**
6.1 Promoção da igualdade racial:
aspectos legais e indicadores   139
6.2 Gestão de RH na diversidade racial   146

Capítulo 7
Diversidade de orientação sexual   **160**
7.1 O movimento pelos direitos LGBTQIA+: breve histórico   160
7.2 Conceitos relevantes na diversidade de orientação sexual   164
7.3 Percepções sobre a comunidade LGBTQIA+
na sociedade e no mundo do trabalho   168
7.4 Gestão de RH na diversidade de orientação sexual   172
7.5 Fórum de Empresas e Direitos LGBTI+   181

Capítulo 8
Diversidade inter ou multicultural   **188**
8.1 Competência intercultural   198
8.2 Gestão de RH na diversidade intercultural   205

Considerações finais   223
Lista de siglas   225
Referências   227
Sobre a autora   261

Apresentação

A diversidade é um tema cada vez mais recorrente na mídia, nos colégios, nas organizações e na elaboração de leis. Nem sempre, contudo, o respeito à diversidade prevalece. Preconceitos, estereótipos, racismo, homofobia, xenofobia são, ainda hoje, presentes na sociedade e nas organizações.

O Brasil é um país multicultural, formado por pessoas distintas em vários aspectos, como raça e etnia, credo, nacionalidade, bem como por características físicas e mentais. E ser diferente é bom! Já imaginou se todos fossem iguais, vestissem as mesmas roupas, gostassem das mesmas coisas, tivessem o mesmo peso e estatura? Penso que perderíamos uma parte essencial daquilo que nos constitui como seres humanos e profissionais. Por isso, é nosso dever identificar as diferenças, aceitá-las, respeitá-las e, ainda mais, aprender com elas.

Quando as organizações perceberam a importância do debate sobre a diversidade implantaram as primeiras ações afirmativas mediante leis que objetivavam garantir o respeito à diversidade. À medida que essas ações não foram suficientes, surgiu a gestão da diversidade, como uma política das organizações.

O primeiro passo para gerir a diversidade é identificá-la, compreendê-la, acompanhá-la e instaurar medidas para viabilizar a criação e a manutenção de um ambiente sadio, seguro e produtivo, em que haja respeito e valorização das diferenças. É desse assunto que tratamos neste livro, que inclui os seguintes temas: os tipos de diversidade (a saber: geracional, cultural, racial, de gênero, de orientação sexual e de pessoas com deficiência – PcDs); as práticas de gestão de pessoas direcionadas à inclusão dos públicos ora mencionados; a atuação do gestor no âmbito da diversidade; e as competências necessárias para lidar efetivamente com as heterogeneidades.

Para tanto, esta obra está estruturada em oito capítulos que tratam de temas específicos, mas complementares ao assunto em pauta. Exemplos práticos, dicas para aprofundamento da leitura e reflexões também constituem a trajetória de leitura. Nosso desejo é que você, leitor, aprecie, aprenda e coloque em prática os conceitos e as experiências aqui compartilhados.

No Capítulo 1, abordamos as ações afirmativas e a diversidade. No Capítulo 2, tratamos mais profundamente da gestão da diversidade, apontando aspectos conceituais, os estágios e impactos da gestão da diversidade e o papel da área de gestão de pessoas (GP) ou recursos humanos (RH) nesse tipo de gestão. Nos Capítulos de 3 a 7, detalhamos alguns tipos de diversidade, respectivamente: de PcDs, geracional ou etária, de gênero, racial e de orientação sexual. Soma-se a isso o exame de práticas de gestão de pessoas que integram um grupo diverso, incluindo exemplos, pesquisas e indicadores relevantes. Por fim, no Capítulo 8, discutimos a diversidade intercultural, bem como a área de GP voltada a sua gestão, apresentando o conceito de competência intercultural, necessário para atuar eficazmente em um ambiente no qual profissionais de diferentes países operam.

Esperamos que esta leitura seja prazerosa e que te conduza a reflexões importantes sobre seu papel na criação e na manutenção de um ambiente inclusivo, que abarque todos os tipos de diversidade regionais, nacionais e mundiais.

Boa leitura!

1 Ações afirmativas e diversidade

Você, alguma vez, já ouviu falar sobre ações afirmativas? E sobre diversidade? Essas pautas são cada vez mais discutidas no Brasil e no mundo, nos âmbitos organizacional e geral. Nas seções a seguir, aprofundaremos essa discussão.

1.1 Ações afirmativas

As ações afirmativas são medidas voltadas a grupos discriminados e vitimados pela exclusão social passada e/ou atual. Seu principal objetivo é eliminar as desigualdades e segregações sociais para que não haja uma divisão entre grupos elitizados e marginalizados. Ainda, sua missão é compor uma sociedade diversificada, sem o predomínio de raças, etnias, religiões, gêneros, entre outros aspectos (Brasil, 2021).

No âmbito das organizações, as ações afirmativas consistem, de acordo com Galeão-Silva e Alves (2004), em um grupo de políticas específicas direcionadas aos grupos sociais atingidos por formas de exclusão social e que, por isso, não recebem tratamento igualitário no acesso a oportunidades.

A ação afirmativa, quando aplicada ao local de trabalho, enfatiza o alcance da igualdade de oportunidades por meio da demografia organizacional, considerando especificidades como sexo, idade, misturas raciais e étnicas (Schermerhorn Jr.; Hunt; Osborn, 1999).

> Você já ouviu falar de **demografia organizacional**? Trata-se da descrição do quadro de empregados de uma organização. "Tem respaldo legal e exige a elaboração de relatórios escritos contendo planos e metas estatísticas para grupos específicos de pessoas" (Schermerhorn Jr.; Hunt; Osborn, 1999, p. 58).

Uma vez que visa beneficiar grupos deliberadamente prejudicados, a demografia organizacional impacta decisões relativas à gestão – contratação e promoção, por exemplo. Se, por um lado, "abre portas" para alguns; por outro, alimenta o receio de discriminação reversa, podendo afetar negativamente o ambiente de trabalho (Schermerhorn Jr.; Hunt; Osborn, 1999).

Na visão de Vergara e Irigaray (2007), a **identidade social** de uma pessoa é construída no encontro com o outro. Assim, aparência física, comportamento e trajes geram expectativas coletivas, as quais, por sua vez, também são influenciadas por estigmas, que podem produzir rótulos como "anormal, "estranho", "esquisito" ou "pobre coitado".

Pesquisas no campo da psicologia social sobre preconceito, estereótipo e discriminação têm examinado suas razões e seus efeitos nos grupos sociais estigmatizados, revelando que os segmentos mais discriminados são negros, mulheres, pessoas com deformação facial, deficientes físicos e mentais (como cegos e deficientes intelectuais), obesos e homossexuais. Ademais, enfatizam uma estreita relação entre estresse e discriminação, assim como o papel desta no aparecimento de sintomas de psicopatias (Vergara; Irigaray, 2007).

Estigma é, portanto, uma construção social com várias consequências negativas. Assim, um indivíduo pode ser alvo de discriminação, piadas ou comentários maldosos apenas por "ser mulher, *gay*, lésbica, obeso ou ser portador de necessidades especiais" (Vergara; Irigaray, 2007, p. 4). Por analogia, pode-se dizer que é uma forma de *bullying* direcionada àqueles considerados "fora do padrão".

A diversidade no mundo do trabalho foi alçada à condição de objeto de estudo a partir dos anos 1950, tornando-se fator importante para a composição da mão de obra. Nesse período, houve uma tendência global à criação de leis para proteger os cidadãos contra a discriminação e a perseguição nesse ambiente. Essa tendência emergiu com a Declaração Universal dos Direitos Humanos, da Organização das Nações Unidas (ONU), em 1948, continuou durante os anos 1960, na Europa e nos Estados Unidos, com a Lei dos Direitos Civis, de 1964 (*Equal Employment Opportunity Act* – EEO), amadurecendo entre as décadas de 1980 e 1990, com as revisões constitucionais dedicadas à proteção de minorias (De Anca; Vázquez, 2007).

Diante da pressão dos movimentos sociais pelo fim da discriminação em empresas e instituições de ensino nos Estados Unidos, foi promulgado o **ato de ação afirmativa** (*Affirmative Action*). De acordo com Fleury (2000), ele exigia que as firmas contratadas pelo governo ou que dele recebiam recursos e benefícios avaliassem a diversidade de seu quadro funcional e procurassem equilibrá-lo, promovendo a inclusão de mulheres, hispânicos, asiáticos e índios, por força de lei federal. Os deficientes físicos foram contemplados um pouco mais tarde, após 1991 (Fleury, 2000).

As ações afirmativas não se restringiram ao contexto estadunidense, englobando países da Europa Ocidental, Argentina, Austrália, Cuba, Índia, Malásia, Canadá, Nigéria e África do Sul. Essas políticas tinham por público-alvo grupos de minorias étnicas, raciais e mulheres, e desencadearam ações voluntárias, obrigatórias ou de caráter misto via programas privados ou governamentais.

Pode-se dizer que tais ações impulsionaram, algum tempo depois, o surgimento de iniciativas voltadas, propriamente, à gestão da diversidade. Conforme Rosa (2014, p. 245, grifo do original),

> a ação afirmativa também é conhecida como **contratação pelos números** em virtude do seu foco voltado para o aumento da representação dos grupos designados através da contratação de público-alvo e, em menor grau, da formação e da promoção. Trata-se de uma política destinada a combater diretamente o caráter sistêmico da discriminação que persiste nas políticas e nas práticas

cotidianas nas organizações, o que reflete o legado histórico de discriminação que também está presente em outros segmentos da sociedade. Assim, a política de ação afirmativa representa um compromisso para acabar com a discriminação como um valor fundamental que não é subordinado a outros valores.

Um exemplo de contratação pelos números é a implantação de sistema de cotas para garantir que determinado percentual de indivíduos ingresse na organização.

As ações afirmativas baseavam-se, sobretudo, em três eixos (Figura 1.1): "o mercado de trabalho, com a contratação, qualificação e promoção de funcionários; o sistema educacional, especialmente o ensino superior; e a representação política" (Moehlecke, 2002, p. 199).

Figura 1.1 – Eixos das ações afirmativas

Você conhece alguma ação afirmativa implementada no Brasil? Alguns exemplos são:

> aumento da participação dos grupos discriminados em determinadas áreas de emprego ou no acesso à educação por meio de cotas; concessão de bolsas de estudo; prioridade em empréstimos e contratos públicos; distribuição de terras e moradias; medidas de proteção diferenciada para grupos ameaçados, etc. (Brasil, 2021)

Podemos destacar, nesse contexto, a Lei n. 8.112, de 11 de dezembro de 1990 (Brasil, 1991b), cujo art. 5°, parágrafo 2°, reserva 20% das vagas de trabalho para deficientes físicos aptos a assumir cargos públicos. As empresas privadas também devem oferecer vagas para deficientes, cumprindo a Lei n. 8.213, de 24 de julho de 1991, que determina, em seu art. 93, cota obrigatória mínima de 2% e máxima de 5% para pessoas portadoras de deficiência (Brasil, 1991c).

Agora, você diria que as ações afirmativas correspondem a políticas antidiscriminatórias? Se respondeu não, acertou. Isso porque tais ações são **preventivas** e **reparadoras**, ou seja, objetivam favorecer pessoas historicamente discriminadas. Já as políticas antidiscriminatórias são mecanismos para **reprimir** discriminadores ou **conscientizar** pessoas. Notou a diferença? Ambas são ações importantes, e, de certa forma, complementares, mas com intuitos distintos.

Será que as ações afirmativas atingiram seus objetivos? O que você acha? Vamos descobrir adiante.

1.2 Diversidade

No final da década de 1970, empresas privadas estadunidenses constataram que as imposições legais não administravam eficazmente a diversidade organizacional e começaram a oferecer programas de formação para valorizá-la (Herring, 2009). Comportamento semelhante foi percebido no Brasil, uma vez que poucas políticas desse tipo tiveram uma repercussão positiva em virtude de desconsiderarem aspectos como mérito e qualificação técnica (Galeão-Silva; Alves, 2004). Nesse sentido, apesar da ampliação das oportunidades de emprego, uma proporção significativa dos grupos minoritários continuou a receber salários baixos e a ocupar posições hierarquicamente inferiores (Silva, 2015).

Os programas de diversidade são um modo de compensar as falhas na adoção de ações afirmativas no Brasil e no mundo. Segundo Fleury (2000), em âmbito nacional, o interesse das empresas pela gestão da diversidade cultural surgiu a partir de 1990. As multinacionais estadunidenses com unidades em território brasileiro foram as responsáveis por trazer o tema à baila, visto que precisavam adotar, nas unidades subsidiárias, os princípios e as práticas estipulados pela matriz (Mendes, 2004, citado por Silva, 2015). Desde então, a diversidade "tem sido alvo de pesquisas a fim de comprovar a sua eficácia" (Silva, 2015, p. 24).

Assim, "Para entender a gestão da diversidade é necessário primeiro diferenciá-la dos programas de ação afirmativa" (Silva, 2015, p. 24). O quadro que segue distingue esses conceitos considerando sua motivação, abrangência/foco e participação (ou seja, público-alvo).

Quadro 1.1 – Diferenças entre programas de ação afirmativa e a gestão da diversidade

Tema	Programas de ação afirmativa	Gestão da diversidade
Motivação	Obrigatórios por lei	Voluntários
Abrangência/ Foco	Assegurar a força de trabalho de uma organização	Alavancar as diferenças individuais e coletivas em benefício da organização
Participação	Representantes das minorias, apenas	Contribuição de todos os grupos

Fonte: Elaborado com base em Mcmillan-Capehart; Grubb; Herdman, 2009.

A **diversidade**, na ótica da abordagem demográfica, pode ser definida como um conjunto de diferenças entre as pessoas, tendo como base, por exemplo, categorizações sociais que separam os grupos em função do grau de similaridade de seus componentes. A diversidade, reiterando o exposto, contempla particularidades como religião, idade, renda familiar, sexo, deficiência e orientação sexual (Carvalho-Freitas et al., 2010; Kirton; Greene, 2015).

O conceito de diversidade não é fechado nem pertence a uma única área da ciência. A abordagem política, por exemplo, além do que propõe a demográfica, considera as especificidades de cada grupo social, porém, concentra-se em explicar o motivo pelo qual as minorias sofreram e sofrem discriminação e enfrentam desvantagens em múltiplos setores da sociedade (Carvalho-Freitas et al., 2010).

Kirton e Greene (2015) observam também que a diversidade comporta questões oriundas de diferenças pessoais, que são ilimitadas; sendo assim, essas "disparidades" estão intimamente ligadas às realidades sociais em que os indivíduos estão inseridos, bem como aos valores e às experiências que trazem consigo.

A **diversidade cultural** busca valorizar a essência da diferença humana, e é nesse sentido que caminham as teorizações e conceituações em torno desse tema. A começar pela Declaração Universal sobre a Diversidade Cultural, elaborada pela Organização das Nações Unidas para a Educação, a Ciência e a Cultura (Unesco) no ano de 2002, que inclui a diversidade cultural como patrimônio comum da humanidade, fonte de intercâmbios, inovação e criatividade, atribuindo-lhe importância, no contexto social, equivalente à da diversidade biológica para a natureza. Fernandes (2003) defende que afirmar essa variedade da condição humana implica desfazer rótulos e regras de tudo aquilo que é/está no mundo. Logo, classificar e padronizar os seres humanos como se faz com os objetos é algo que não pode (nem deve) ser feito. Concorda?

Existem ao menos três correntes sobre a noção de diversidade. A mais difundida a concebe como **identidade social**, ou seja, tem por base as diferenças entre grupos de indivíduos (Cross, 1992; Loden; Rosener, 1991; Tung, 1993). A segunda pressupõe que a diversidade efetiva-se pela **identidade pessoal**, isto é, pelas características particulares de cada indivíduo, que abrangem diversas dimensões, como *background* – experiência, vivência ou conhecimento profissional ou pessoal, personalidade e comportamento (Kandola; Fullerton, 1994). Já a terceira perspectiva considera a diversidade uma mistura na qual estão contempladas não só as diferenças entre indivíduos, mas também suas similaridades (Thomas; Ely, 1996).

Em resumo, de acordo com Fleury (2000, p. 21), "o objetivo principal da gestão da diversidade cultural é administrar as relações de trabalho, as práticas de emprego e a composição interna da força de trabalho a fim de atrair e reter os melhores talentos dentre os chamados grupos de minoria". Esse objetivo pode ser atendido por meio da adoção, por exemplo, de políticas de recrutamento que incorporem os critérios da diversidade cultural no mercado de trabalho.

A diversidade em âmbito laboral consiste em a organização apresentar, no seu quadro de funcionários, um conjunto de colaboradores integrantes de grupos culturais distintos e com qualidades diferentes. Nesse sentido, é necessário implementar mudanças em estruturas, políticas e sistemas internos, a fim de apoiar a diversidade e construir um ambiente de convívio harmônico (Mendes, 2004b).

Costa (2014) concorda que não é simples definir *diversidade*, uma vez que o conceito não se limita apenas às minorias – como são, normalmente, considerados homossexuais, negros e mulheres –, pois existem muitos tipos de diferenças. Ogliari (2009), por exemplo, afirma que é possível observar, no cenário brasileiro, características de uma sociedade composta por uma população plural.

> Diferenças que se expressam nos vários segmentos da sociedade, representados, dentre outros grupos, pelos miseráveis, ricos, portadores de deficiência, normais, formados, analfabetos, homossexuais, heterossexuais, católicos, evangélicos, casados, solteiros, jovens, idosos, brancos, negros, médicos, engenheiros, agricultores, empresários, empregados, desempregados, nordestinos, cariocas, gaúchos, índios, descendentes de africanos, italianos, alemães, japoneses, judeus, enfim, diferenças que, juntas, perfazem e contextualizam a diversidade do povo brasileiro. (Ogliari, 2009, p. 12-13)

A diversidade existe em qualquer ambiente no qual se possam observar aspectos distantes de um padrão considerado normal num parâmetro estatístico, isto é, o atributo que aparece com maior frequência. Na dimensão social, a normalidade pode ser entendida como fruto da cultura de determinado grupo, podendo um mesmo atributo ser tido como diverso para outro grupo/cultura.

> Você já leu *O alienista*, de Machado de Assis? Vale a leitura, com foco nessa perspectiva aqui examinada.

Vejamos, no quadro a seguir, algumas formas de categorizar a diversidade.

Quadro 1.2 – Categorias de diversidade

Autores	Categorias/Tipos de diversidade
Loden e Rosener (1991, citados por Hanashiro; Godoy 2004, p. 18)	» Primárias: diferenças humanas imutáveis inatas e/ou que impactam a socialização inicial e ao longo de toda a vida (idade, etnia, gênero, habilidades, qualidades físicas e orientação sexual). » Secundárias: aspectos alteráveis, como *background* educacional, localização geográfica, renda, estado civil, crenças religiosas etc.
McGrath, Berdahl e Arrow (1996, p. 23)	» Atributos demográficos. » Conhecimentos, habilidades e capacidades relacionados à tarefa. » Valores, crenças e atitudes. » Personalidade e estilos cognitivos e comportamentais. » *Status* no grupo de trabalho da organização.

Fonte: Elaborado com base em Martinez, 2008.

Tratar da diversidade é tratar da **inclusão**. Embora o termo *inclusão* tenha múltiplas acepções, de modo geral, diz respeito à inserção social de pessoas que experimentam algum tipo de exclusão – seja na escola, seja no mundo do trabalho, seja em qualquer outro espaço social –, em razão de condição socioeconômica, gênero, algum tipo de deficiência, etnia ou não domínio de tecnologia.

> Confira, no vídeo indicado a seguir, o manifesto de diversidade e inclusão da Gol, que ilustra o que apresentamos até aqui:
>
> GOL. **Manifesto de Diversidade & Inclusão**. 4 fev. 2020. (2 min 12 s). Disponível em: <https://www.youtube.com/watch?v=cB-IEbSPvbM&feature=emb_logo>. Acesso em: 11 maio 2021.

Você já ouviu falar sobre *inclusão*, *exclusão*, *segregação* e *integração*? Consegue explicar e distinguir esses conceitos? São palavras, em certa medida, similares, mas com sentidos específicos, especialmente no que concerne à diversidade. A Figura 1.2 ilustra o significado de cada uma delas.

Figura 1.2 – Diferença entre inclusão, exclusão, segregação e integração

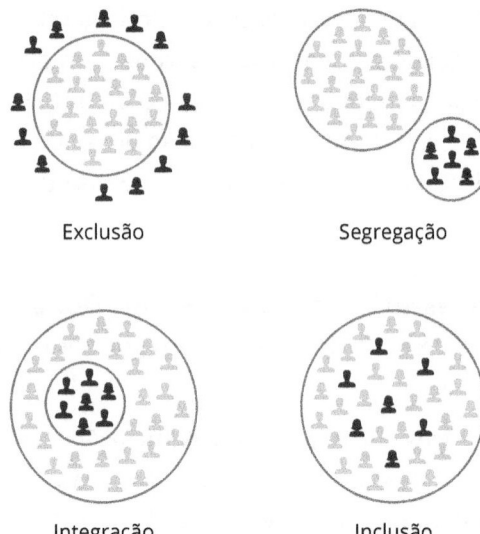

> Com base na figura indicada, que tal tentar escrever uma breve frase para conceituar as palavras *inclusão*, *exclusão*, *separação* e *integração*?

Inclusão é aceitar o diferente e incluí-lo em seu grupo e nas atividades. Por sua vez, **exclusão** consiste em não permitir que o diferente adentre seu mundo. Já **separação** corresponde a considerar todos os diferentes como iguais, mas, ainda assim, separá-los de seu grupo. A **integração**, por seu turno, é quando o diferente é aceito em seu grupo, desde que ele não "se misture". Nesse sentido, integração é convidar uma pessoa "diferente" para o jogo e inclusão é essa pessoa jogar com você, como componente de seu time. Considerando o exposto, reflita: Você pratica a inclusão em seu dia a dia?

Roberson (2004, citado por Borges, 2012) explica que diversidade e inclusão caracterizam diferentes abordagens da gestão da diversidade. A diversidade está voltada para a demografia organizacional, a inclusão, para a remoção de obstáculos a fim de garantir a participação e a contribuição total dos empregados nas empresas, ou seja, é indicativa de como o indivíduo se sente diante dos processos e atividades da organização, sendo a ele permitido aplicar sua habilidade pessoal para colaborar com ela. A inclusão representa o acesso das pessoas às informações e aos recursos, podendo influenciar a execução das tarefas e a tomada de decisão. Portanto, trata-se de valorizar, respeitar e apoiar – e, em uma organização, isso é fruto da cultura organizacional e das práticas de gestão que reconhecem e assentam a existência e a importância de uma força de trabalho diversa.

Você já ouviu falar em **cultura organizacional**? Segundo Schein (2009), a cultura organizacional é um conjunto de representações e ideias propostas por um líder e, quando validadas e aceitas, ensinadas aos novos membros do grupo como a maneira correta de pensar e agir. Assim, a cultura de um grupo corresponde a um padrão de pressupostos compartilhados (conscientes e inconscientes), que foi aprendido à medida que solucionava seus problemas de adaptação externa e de integração interna (Schein, 2009).

A cultura organizacional reflete a personalidade da organização, a maneira como pensa e age e os valores que regem sua atuação no mundo. Cada organização tem uma cultura que condiciona a forma de tratamento interno (entre os funcionários) e externo (funcionários com clientes, fornecedores, governo, entidades de classe, entre outras esferas).

Assim sendo, a cultura organizacional direciona, em grande parte, a inclusão. Mor Barak (2005) apresenta alguns indicadores de inclusão × exclusão, quais sejam:

» Grau de influência dos empregados sobre as decisões que os afetam no trabalho.
» Grau de informação dos empregados quanto às estratégias de negócios e aos objetivos da companhia.
» Probabilidade de empregados de grupos minoritários permanecerem em seus empregos, ou seja, grau do sentimento de segurança e estabilidade compartilhado por eles.

É possível perceber, de forma cada vez mais frequente, um discurso que valoriza a diversidade e reconhece sua relevância para que empresas consigam atingir seus objetivos, de modo a instaurar um modelo organizacional multicultural com foco na inclusão (Holvino; Ferdman; Merrill-Sands, 2004).

Note que a diversidade não só representa uma característica (ou um conjunto de características) em comparação com um grupo majoritário, denominado "normal", "comum" ou "esperado", mas também a autoidentificação com o diferente, originando um fator de diversidade em grupos. Na sequência, vamos compreender melhor como é empregada a gestão da diversidade no âmbito organizacional.

Vergara e Irigaray (2007) indicam, em relação à diversidade, que os discursos são ambíguos. Segundo os autores, essa ambiguidade decorre da busca de legitimidade social, uma vez que, ao investirem em práticas não discriminatórias, as companhias passam a ser percebidas como mais socialmente responsáveis do que aquelas que não o fazem. Afirmam, ainda, a importância de verificar a efetividade e os desdobramentos dos discursos empresariais pró-diversidade: a **efetividade** acontece quando o discurso é colocado em prática por meio de políticas e ações que promovem a igualdade de oportunidades para pessoas pertencentes a segmentos discriminados na sociedade; já os **desdobramentos** referem-se ao que ocorre, de fato, após a adoção (ou não) de tais medidas, pois a legitimidade vê-se ameaçada quando os indivíduos passam a acreditar que as políticas são apenas formais ou quando inexistem oportunidades reais de ascensão e de reconhecimento (Vergara; Irigaray, 2007).

Como vimos, a gestão da diversidade simboliza uma "evolução" em relação ao conceito e às práticas voltadas para as ações afirmativas. Vamos compreender, no próximo capítulo, um pouco mais sobre esse assunto. Antes disso, é fundamental que você analise se os tópicos aqui trabalhados estão claros, já que alicerçam os demais conteúdos porvir. Caso tenha alguma dúvida, anote, retorne ao texto e, se necessário, busque informações adicionais.

2 Gestão da diversidade

Entendidas as ações afirmativas, é chegada a hora de aprofundar a discussão em torno da gestão da diversidade. Já ouviu falar sobre esse conceito?

A gestão da diversidade consiste na adoção de medidas administrativas que garantam que os atributos de pessoas ou de grupos, além de estilos de vida e atitudes, sejam considerados estratégicos para aprimorar o desempenho organizacional; trata-se de uma prática gerencial que pretende substituir ações afirmativas pelo acesso igualitário ao trabalho (Alves; Galeão-Silva, 2004).

Para os autores, diversidade diz respeito a uma variedade de atributos individuais e coletivos naturalmente reproduzidos nas organizações brasileiras, tendo em vista a heterogeneidade da força de trabalho disponível na sociedade. Assim, as empresas brasileiras, gradativamente, "estão se adaptando e desenvolvendo práticas inovadoras de relações de trabalho. Nesse sentido, algumas políticas de recursos humanos orientam-se aos chamados **grupos de minoria**, que são indivíduos pertencentes

a grupos historicamente discriminados no mercado de trabalho" (Gordono, 2009, p. 12, grifo nosso).

O principal pilar de uma empresa inclusiva é o respeito às diferenças, portanto, ela precisa instaurar práticas que fomentem o respeito ao talento e às habilidades de todos, uma vez que a reunião de diferentes tipos de competências e perspectivas pode ser uma maneira valiosa de refinar o desempenho das equipes. A inclusão, contudo, é um processo contínuo, que deve permear a cultura da organização e, desse modo, precisa ser constantemente renovado. Uma empresa inclusiva promove a sensibilização de seus gestores sobre a importância da inclusão para a valorização do indivíduo e da diversidade para a sustentabilidade da empresa, até o ponto em que o diverso, o diferente, perpasse naturalmente todos os ambientes e níveis da organização.

Em complemento ao capítulo anterior, no qual discutimos a diversidade em si, examinaremos, agora, como geri-la, pauta de debate nacional e mundial na atualidade.

2.1 A diversidade e sua gestão

No Brasil, a discussão teórica sobre a gestão da diversidade teve início com Fleury (2000), que afirmou que a gestão da diversidade pretende difundir a igualdade de condições nas empresas por meio de melhores práticas de recursos humanos (Jaime, 2016).

Fleury (2000, p. 21) esclarece que a gestão da diversidade consiste na administração das relações de trabalho, das práticas de emprego e da composição da força de trabalho com o objetivo de "atrair e reter os melhores talentos dentre os chamados grupos de minoria". Isso pode ser feito, por exemplo, por intermédio de políticas para a diversificação da força de trabalho, como treinamentos que tematizem as diferenças, divulgação do programa de diversidade, formação de equipes heterogêneas, revisão de estratégias, construção de indicadores, *mentoring*, orientação de novos membros e representação em comitês-chave. Fleury (2000, p. 21) defende a diversidade como uma prática gerencial que pode e deve "adicionar valor à organização".

A diversidade e sua gestão devem ter como pressupostos a meritocracia, o desenvolvimento de vantagem competitiva e as inovações fundamentadas em variadas ideias (Alves; Galeão-Silva, 2004).

O quadro a seguir apresenta, resumidamente, algumas informações sobre o surgimento dessa gestão.

Quadro 2.1 – Gestão da diversidade: informações básicas

Quando surgiu	No final dos anos 1980 nos Estados Unidos.
Por que surgiu	Para atender as imposições políticas que demandavam programas de inclusão e ações afirmativas. Inicialmente, tinha a finalidade de aproveitar os benefícios das imposições legais e também constituía uma forma de a organização entender e aceitar as mudanças.

(continua)

(Quadro 2.1 – conclusão)

Do que trata	De programas, políticas e processos planejados e implementados com vistas a aumentar o relacionamento e a interação entre as pessoas. Busca que a diversidade seja compreendida como um recurso de criatividade, complementaridade e aumento de efetividade organizacional, progresso e satisfação dos colaboradores, mais que uma força de tensão, conflito, desentendimentos ou restrição de eficácia.

Fonte: Elaborado com base em Hays-Thomas, 2004; Agars; Kottke, 2004.

A gestão da diversidade nas organizações estrangeiras com filiais no Brasil teve início com a discussão sobre cotas raciais, principalmente nas décadas de 1980 e 1990, com base nas chamadas *ações afirmativas*, já tratadas anteriormente. As práticas de recursos humanos para a gestão das ações afirmativas no país foram lideradas principalmente pelas subsidiárias de empresas estadunidenses que buscavam exercer algum tipo de responsabilidade social com ênfase nas minorias (Pacheco, 2003). Essa transposição de práticas de outros países, muitas vezes sem adaptações ou adequações, é uma das principais críticas à gestão brasileira da diversidade, pois, apesar de ser uma conduta já difundida nos Estados Unidos, a transposição e a implementação no contexto brasileiro configuram processos complexos e que devem ser realizados com cuidado e rearranjos. Isso decorre, segundo Alves e Galeão-Silva (2004, p. 23), de três questões principais:

> [1] o ceticismo dos próprios funcionários das empresas em relação aos programas e sua efetividade; [2] uma atitude preconceituosa em relação a colegas ou chefes que são beneficiários desses programas; e [3] as dificuldades em modificar rotinas de administração de recursos humanos para incluir a questão da diversidade.

Thomas Jr. (1997) destaca a necessidade de configurar um ambiente organizacional no qual todos possam desenvolver seu potencial e, por conseguinte, viabilizar o alcance efetivo dos objetivos empresariais. O capital humano e suas habilidades devem ser considerados as principais fontes de vantagem competitiva e soluções inovadoras, constituindo-se um diferencial em um ambiente competitivo e altamente mutável.

Para que o potencial dos funcionários seja aproveitado, é preciso compreender a capacidade de contribuição de cada um. Para tanto, é fundamental identificar suas particularidades, a fim de desenvolver, elaborar e aplicar ações e políticas de diversidade em função das necessidades do público-alvo. Apenas após esse trabalho de compreensão das necessidades individuais é que se pode garantir igual oportunidade para todos (Thomas; Ely, 1996).

Como comentamos, no Brasil, a visão gerencial da gestão da diversidade é criticada. Na organização capitalista do trabalho, o papel dos indivíduos sempre esteve atrelado à sua utilidade para reprodução do capital, desconsiderando diferenças étnicas, sexuais e religiosas, uma vez que as palavras de ordem são produzir e consumir. As diferenças sempre foram cultivadas dentro da lógica funcionalista da gestão, apesar de estarem disfarçadas em um discurso sobre igualdade para todos (Alves; Galeão-Silva, 2004).

Saraiva e Irigaray (2009), com base em um estudo de caso realizado em uma multinacional, criticam a diversidade e acreditam que, muitas vezes, trata-se mais de uma questão de discurso do que de prática, uma estratégia para obter legitimidade e adesão dos trabalhadores, melhorar a reputação no mercado e projetar uma imagem socialmente responsável. As contradições entre o discurso e a prática nas organizações podem ser constatadas em condutas diversas, como em comportamentos preconceituosos, gestores permissivos, que realizam práticas abusivas, e direcionamento das políticas de estímulo à diversidade e inclusão com enfoque mais mercadológico que social.

Pode-se dizer que a gestão da diversidade nas organizações é, em parte, uma resposta à crescente diversificação da demografia da força de trabalho, mas também uma alternativa na busca de vantagens competitivas, visto que existe uma associação entre diversidade e alavancagem de respostas mais criativas. As organizações que estimulam e valorizam as diferenças de perspectivas como estratégia de negócios podem desenvolver o aprendizado, a criatividade e a inovação, além de aumentar a representatividade perante os consumidores, a atratividade e a retenção de profissionais (Cox; Blake, 1991).

A literatura funcionalista em administração trata a gestão da diversidade como uma maneira de gerir pessoas socialmente pertencentes aos "grupos minoritários" a fim de reduzir as desvantagens às quais estão expostas e potencializar suas vantagens (Fleury, 2000; Galeão-Silva; Alves, 2002; Flores-Pereira; Eccel, 2010). Embora essa gestão, em muitos casos, tenha sido empregada como elemento estratégico, Alves e Galeão-Silva (2004) questionam sua finalidade, visto que não existe comprovação, até o momento, de que realmente promova equidade entre comunidades socialmente excluídas e discriminadas; inclusive, duvida-se de que não seja uma forma ideológica e articulada de mascarar os conflitos no campo social. Na visão de Holvino e Kamp (2009, p. 396, tradução nossa), "enquanto a mudança da ação afirmativa para a gestão da diversidade forneceu uma forma revisada de prosseguir os objetivos de igualdade previstos nos movimentos de direitos civis, surgiram novas dificuldades, tensões e fortes críticas".

Muitos acreditam que o discurso de gerentes sobre a gestão da diversidade naturaliza, aceita e reforça a marginalização, o preconceito e a discriminação, uma vez que não questionam os motivos pelos quais são formados os grupos sociais reconhecidos como *minorias* (Galeão-Silva; Alves, 2002). De acordo com Galeão-Silva e Alves (2002, p. 9), "A ideia da diversidade nas organizações diz combater o preconceito. Porém, isso não parece ser possível sem uma crítica das próprias ideias contidas na diversidade, pois o preconceito está arraigado no campo das ideias e manifestasse [sic] mesmo onde se diz combatê-lo". Outro ponto que merece atenção é que nem todas as organizações compartilham a mesma noção de gestão da diversidade.

Por isso, na sequência, detalharemos os estágios e os impactos desse tipo de gestão.

2.2 Estágios e impactos da gestão da diversidade

A gestão da diversidade pode ser entendida, segundo Golembiewski (1995) e Thomas Jr. (1991, 2010), como resultado de um processo motivado pelas pressões sociopolíticas, como protestos e greves, que acabam por estimular a contratação de minorias (estágio 1). Em seguida, a diversidade é aceita em razão de uma imposição legal – ações afirmativas – para evitar multas ou sanções (estágio 2). Após isso, a empresa mobiliza-se para proporcionar um tratamento igualitário, reconhecendo o potencial das minorias em razão da experiência dos dois estágios anteriores, o que revela uma mudança de compreensão organizacional quanto à diversidade (estágio 3). Na sequência, exalta-se a diferença para diminuir conflitos dentro da organização (estágio 4) e, finalmente, solidifica-se a gestão da diversidade por meio da modificação de estruturas e políticas voltadas à diversidade com os objetivos de alcançar metas organizacionais e encorajar os colaboradores a exporem suas diferenças no âmbito laboral (estágio 5). Os estágios da gestão da diversidade estão descritos no quadro a seguir.

Quadro 2.2 – Estágios da gestão da diversidade

Estágio 1	Entrada de minorias devido a pressões sociopolíticas, ou seja, as organizações sentem-se obrigadas a inserir representantes de minorias em seus quadros tendo em vista exigências externas.
Estágio 2	Diversidade admitida por imposição legal (ações afirmativas), isto é, as organizações passam a ter de cumprir determinações legais voltadas para a admissão de cotas de pessoas que representam determinados tipos de minoria.
Estágio 3	Mobilização da empresa para proporcionar um tratamento igualitário, pois percebe a necessidade do estabelecimento de práticas que propiciem uma maior justiça de tratamento.
Estágio 4	Valorização da diferença. A organização entende que contratar pessoas diversas pode ser interessante para si.
Estágio 5	Gestão da diversidade.

Fonte: Elaborado com base em Golembiewski, 1995; Thomas Jr., 1991, 2010.

Para Castillo (2005), a gestão da diversidade tanto pode trazer impactos positivos quanto negativos para a organização. Os negativos acontecem quando as pessoas "buscam relacionar-se com [...] similares (paradigma da atração da semelhança) e, por conseguinte, os membros menos integrados têm maior nível de rotação. O nível de conflito também pode ser aumentado pela incorporação de pessoas com interesses diferentes" (Castillo, 2005, p. 2, tradução nossa). Somam-se, ainda, as possibilidades de baixa integração, as expressões de hostilidade e os boatos sobre merecimentos e ações protecionistas.

Isso lança um desafio aos gestores: promover e incentivar a cidadania organizacional, entendida como um comportamento que estimula o convívio amigável e colaborativo com os colegas, a valorização da empresa, as ações protetoras ao sistema, o respeito ao seu patrimônio, as sugestões criativas para a melhoria organizacional, a criação de um clima favorável para a organização no ambiente externo, entre outras características típicas de um bom cidadão (Robbins; Judge; Sobral, 2010).

Os principais impactos negativos associados à diversidade na equipe de funcionários das organizações estão listados no quadro a seguir, de acordo com pesquisadores de destaque na área.

Quadro 2.3 – Impactos negativos da diversidade

Autores	Impactos
Golembiewski (1995)	» Violação do sentido à meritocracia. » Risco de baixa competência ou *performance*. » Aumento da probabilidade de conflitos.
Cox (2001)	» Obstáculos para o alto desempenho por causa de ruídos na comunicação, aumento de conflitos e baixo comprometimento.
Mendes (2004)	» Rotatividade e absenteísmo ocasionados pela baixa identificação do trabalhador com a organização.
Limongi-França (2004)	» Segregação e indiferença. » Possíveis confrontos gerando problemas e desgastes no ambiente de trabalho.

Fonte: Elaborado com base em Martinez, 2008.

No entanto, como vimos, nem todos os efeitos da diversidade são negativos. O quadro adiante sintetiza as influências positivas.

Quadro 2.4 – Impactos positivos da diversidade

Autores	Impactos positivos
Golembiewski (1995)	» Contratação de competências raras. » Redução de custos com a taxa de rotatividade de colaboradores (*turnover*) e o absenteísmo. » Delineamento de uma imagem positiva. » Redução de conflitos dentro do grupo e transformação de energia para gerar inovações ou desenvolver *performances*. » Diminuição ou eliminação de barreiras de comunicação. » Ampliação da capacidade de confrontar as diferenças, o que possibilita aumento da flexibilidade e da responsabilidade. » Percepção de um senso de justiça e equidade pelos profissionais. » Incorporação do pensamento dos clientes e revisão de culturas, valores etc.
Cox (2001)	» Contribuições para a solução de problemas tendo em vista perspectivas distintas. » Expansão da criatividade e da inovação pela aceitação e pelo estímulo a diferentes formas de compreensão das realidades, por vezes distantes daquelas dos profissionais encarregados de promover novos processos e produtos nas organizações. » Maior flexibilidade ou alterações nas políticas organizacionais. » Aumento da qualidade no recrutamento e na retenção de talentos, criando vantagem competitiva. » Melhoria nas estratégias de *marketing*, sobretudo em mercados globalizados.
Mendes (2004)	» Aumento da criatividade, inovação e capacidade de solução de problemas. » Intensificação da flexibilidade organizacional. » Diversificação e expansão de fontes de recursos humanos. » Ampliação de mercado.

(continua)

(Quadro 2.4 - conclusão)

Autores	Impactos positivos
Limongi-França (2004)	» Intercâmbio de conhecimentos e valores. » Busca de novos valores pessoais por meio da reflexão, identificação e intensificação de relações interpessoais. » Aprendizado na assimilação das diferenças e amadurecimento das relações de trabalho. » Enriquecimento do clima organizacional pela interação e pela inclusão das pessoas.

Fonte: Elaborado com base em Martinez, 2008.

As empresas, ao optarem pela gestão da diversidade em seu quadro de pessoal, precisam conhecer os principais impactos positivos e negativos para aproveitar, da melhor forma possível, tudo o que a diversidade pode lhes proporcionar, bem como para administrar as eventuais adversidades decorrentes do convívio. Assim, os gerentes devem preparar-se para as ocasionais tensões entre os indivíduos nesse ambiente, por meio do engajamento pessoal e da disposição em solucioná-las. Adotar práticas voltadas à diversidade cultural não significa, portanto, apenas aumentar a quantidade de trabalhadores pertencentes aos "grupos minoritários", mas sim desfrutar dos benefícios que eles oferecem às organizações (Fellows, 2005).

Nesse sentido, segundo Cox (1994, citado por Fleury, 2000, p. 20), "a administração da diversidade cultural significa planejar e executar sistemas e práticas organizacionais de gestão de pessoas de modo a maximizar as vantagens potenciais da diversidade e minimizar as suas desvantagens".

Uma das formas pela qual a organização pode administrar a diversidade é por meio do não reconhecimento das dissimilitudes entre indivíduos (*identity-blind* ou *color-blind*). E o que isso significa? Que práticas e políticas organizacionais são desenvolvidas ignorando-se as particularidades associadas à identidade social. Defensores dessa categoria de gestão acreditam que existe igualdade de oportunidades em tal esfera, logo, não importa quem o indivíduo é ou quais são suas características, mas se ele mostra competência e eficiência no cumprimento das metas da empresa. Essa abordagem, que propõe uma "dissolução das diferenças", entende que todas as pessoas são singulares, e suas especificidades, juntas, articulam uma espécie de mosaico que compõe a organização. Portanto, todos têm espaço nessa estrutura, sendo (re)conhecidos e aceitos (Kandola; Fullerton, 1994). Este é o caso, por exemplo, de firmas que não exercem práticas especificamente direcionadas a grupos minoritários.

De acordo com Kandola e Fullerton (1994), para que uma organização desempenhe uma gestão efetiva da diversidade, deve atentar, sobretudo, aos seguintes pontos:

» missão e valores;
» processos justos e objetivos;
» reconhecimento e desenvolvimento de habilidades em toda a força de trabalho;
» flexibilidade de modelos e locais de trabalho;
» concessão de benefícios para todos; e
» modelo de gestão cultural que possibilite aos indivíduos tomar decisões, participar, ouvir e agir entre eles.

Cox Jr. (1991) elaborou um modelo para caracterizar as organizações quanto aos fatores que afetam a diversidade cultural. Essa proposta não é linear e pode haver progressos e regressos em relação ao estágio de desenvolvimento de uma organização. O modelo compreende seis etapas:

1. **Aculturação**: Trata-se do momento em que dois ou mais grupos se adaptam, reconhecem e resolvem diferenças culturais.
2. **Integração estrutural**: É quando diferentes grupos passam a permear a estrutura organizacional, constituindo um perfil cultural diverso de seus membros.

3. **Integração informal**: Ocorre quando há a inclusão dos membros da cultura minoritária em redes informais.
4. **Viés cultural**: Consiste no reconhecimento do preconceito e da discriminação e no desenvolvimento de estratégias que permitam gerenciar tais problemas.
5. **Identificação organizacional**: Corresponde a um sentimento geral de pertencimento, lealdade e comprometimento em relação à organização.
6. **Conflito intergrupal**: É quando ocorrem atritos, tensões e disputas de poder entre grupos culturais diversificados.

Ainda, segundo o autor, a forma como as organizações lidam com esses seis fatores permite classificá-las em três tipos:

1. **Monolítica**: mais homogêneas. As ações efetivadas visam integrar "grupos minoritários" ao "grupo majoritário".
2. **Pluralistas**: mais heterogêneas. As ações de integração entre grupos culturais diferem das do grupo dominante, enfatizando as ações afirmativas.
3. **Multiculturais**: mais diversas, ou seja, valorizam a diversidade. Apresentam total integração estrutural, ampla associação de redes informais, tendência à ausência de preconceitos e discriminações, pequena lacuna na identificação organizacional, baseada na identidade cultural dos grupos, e baixo nível de conflito intergrupal.

> Você conhece alguma organização monolítica, pluralista ou multicultural? Considerando o exposto, faça uma avaliação prática sobre o tema ao observar empresas conhecidas por você.

Segundo a *Encyclopedia of Small Business*, a maior diversidade da força de trabalho, aliada à intensa colaboração global, exige que as empresas melhorem suas práticas de gestão da diversidade (Multicultural Work Force, 2011). Isso envolve a comunicação eficaz com funcionários de diferentes culturas e origens, o *marketing* direcionado para uma amplitude de culturas, bem como o estabelecimento e a manutenção de parcerias com fornecedores ou distribuidores de idiomas e localidades diversos.

Se uma empresa tem uma equipe de trabalho multicultural, ela deve repensar sua estratégia. O primeiro passo é avaliar seus objetivos comuns e verificar se refletem os valores e as ideias de todos os empregados, ou seja, se correspondem a objetivos compartilhados por todos. Essa avaliação é importante porque várias ações da empresa são norteadas por esses propósitos amplos e comuns. Nessa direção, a *Encyclopedia of Small Business* (Multicultural Work Force, 2011) sugere, ainda, medidas de gerenciamento específicas, como:

» priorizar as comunicações escritas: As políticas explícitas que proíbem o preconceito e o comportamento discriminatório devem ser incluídas em manuais de funcionários, declarações de missão e outras comunicações por escrito.

» oferecer programas de treinamento: As empresas podem aplicar dois tipos de programa de treinamento para incentivar a apreciação multicultural da força de trabalho: (1) cursos de conscientização e (2) de desenvolvimento de habilidades. Os programas de conscientização devem proporcionar o aprendizado, a aceitação e a integração, além de explicar como adotar elementos multiculturais da força de trabalho. As sessões de desenvolvimento de habilidades, por outro lado, devem focar questões culturais específicas e maneiras respeitosas de abordá-las.

- » reconhecer diferenças individuais: Os gestores têm de saber que nem sempre as diferenças são culturais, podendo resultar também de comportamentos, personalidades ou competências individuais.
- » buscar ativamente informações sobre grupos minoritários: Solicitar opiniões e envolvimento de grupos minoritários é benéfico não apenas pelas contribuições que eles podem dar, mas também porque atesta que tais sujeitos são prestigiados pela empresa.
- » renovar sistemas de desempenho e recompensa: Esses mecanismos devem reiterar a importância de um gerenciamento eficaz da diversidade. Isso inclui garantir que as minorias recebam oportunidades adequadas para o desenvolvimento de carreira com base no desempenho e na iniciativa.
- » criar espaço para eventos sociais: As cerimônias patrocinadas pela empresa (piqueniques, jogos de futebol, de voleibol, festas de Natal e de aniversariantes, por exemplo) podem ser úteis para reunir membros de múltiplas origens étnicas e culturais e oportunizar convivência e aprendizado mútuo.
- » projetar um ambiente de trabalho flexível: Esse tipo de espaço pode trazer resultados particularmente benéficos para pessoas de outras origens culturais. No âmbito dos negócios internacionais, as flexibilizações de tempo e meios de comunicação são frequentemente necessárias.
- » não pressupor a existência de valores e opiniões semelhantes: Na ausência de informações confiáveis, as pessoas tendem a assumir que os outros compartilham seus pontos de vista. Em ambientes de trabalho multiculturais, deve haver um entendimento (conhecido, respeitado e valorizado) de que isso pode não ocorrer.

» monitorar políticas internas continuamente: A criação de sistemas e rotinas de monitoramento de políticas e de práticas organizacionais permite assegurar que o local de trabalho continue sendo satisfatório para todos os funcionários. As empresas devem ser flexíveis e aplicar suas lições básicas a novas situações à medida que surgirem.

Como explicamos, o aumento da diversidade pode representar um desafio para os líderes empresariais, que precisam trabalhar para maximizar suas oportunidades e minimizar seus custos. Bleijenbergh, Peters e Poutsma (2010) acreditam que um dos principais obstáculos para implementar o programa de gestão da diversidade é sua relação com a política global de recursos humanos da organização. Isso porque, comumente, essa gestão representa apenas uma política adicional de recursos humanos, e não uma abordagem integrada às demais atividades do tipo, o que pode ocasionar uma implementação burocrática, defensiva e, portanto, ineficiente.

Na sequência, vamos tratar da importância da área de recursos humanos (RH), ou gestão de pessoas (GP), para a gestão da diversidade.

2.3 Gestão de RH na diversidade

Não existe uniformidade na compreensão sobre o papel da área de GP na gestão da diversidade. Segundo Pereira e Hanashiro (2007), vale destacar duas perspectivas: (1) a *identity-blind*, cujo foco é o mérito, sem considerar as diferenças entre as pessoas (citada anteriormente), e (2) aquela que reconhece e valoriza essas distinções.

A *identity-blind* garante processos iguais, sem nenhuma priorização, a todos os sujeitos, ou seja, não há a preocupação em identificar, estimular ou garantir a presença de diversidade nos quadros das organizações. O papel do Departamento de RH, nessa perspectiva, é "(a) assegurar que o mérito individual seja rigorosamente mensurado; (b) [distribuir] recompensas com base no mérito e (c) aumentar o grupo de indivíduos considerados para a distribuição de recompensas" (Pereira; Hanashiro, 2007, p. 5).

Nesse momento, talvez você esteja se questionando quais são os principais motivos que levam uma organização a gerir a diversidade dessa maneira. Um deles diz respeito à noção de que, ao priorizar alguns grupos, estes teriam mais poder em detrimento de outros sujeitos, ou seja, de que esse tratamento diferenciado possivelmente geraria um tipo de discriminação reversa. Logo, ao invés de promover a inclusão, a exclusão e os conflitos seriam intensificados, uma vez que os não beneficiados poderiam sentir-se discriminados.

Exemplificando: Certa vez, um profissional de uma empresa multinacional que estava concorrendo a uma vaga gerencial fez o seguinte comentário: "Não consegui a promoção porque sou homem. A empresa quer aumentar a quantidade de mulheres em posições de gestão e, dessa forma, não obtive a promoção justamente por ser homem. Isso não é justo e, já que a meritocracia não existe, não vejo razão em me esforçar para garantir uma produtividade diferenciada". Algo nesse discurso te lembra o debate sobre ações afirmativas? Pois é, nisso reside a importância de identificar e gerir os possíveis impactos de programas de gestão de diversidade. Cabe considerar que o tratamento especial dado a determinados grupos sociais pode incidir também na "redução de comprometimento, de produtividade e de aumento da rotatividade dos indivíduos não favorecidos" (Pereira; Hanashiro, 2007, p. 5).

Desse modo, a "organização que adota uma gestão da diversidade com base na 'dissolução das diferenças' reconhecerá a necessidade de adaptar empregados diversos, mas não desenvolverá um treinamento para grupos específicos de indivíduos, como o de mulheres, por exemplo" (Liff, 1999, citado por Pereira; Hanashiro, 2007, p. 5).

A segunda perspectiva, cujo fundamento é a **valorização das diferenças**, tem por pressuposto básico o reconhecimento de que a igualdade de oportunidade nas organizações é nula, devendo-se, portanto, criar condições para sua existência. Políticas organizacionais alicerçadas nessa perspectiva entendem que as necessidades de cada grupo social são diferentes e precisam ser respeitadas, o que abrange, por exemplo, a definição de feriados de acordo com a religião dos funcionários ou a oferta de treinamento para grupos minoritários menos qualificados, concedendo-lhes a chance de conquistar sucesso e ascensão profissional. Em outras palavras, o intuito é que, valorizando-se as diferenças, a organização torne-se mais competitiva (Pereira; Hanashiro, 2007).

É o caso, por exemplo, de um processo seletivo centrado na contratação de indivíduos provenientes de grupos minoritários, como negros e portadores de necessidades especiais. É possível que, em virtude de não terem tido igual acesso à educação, muitos não preencham os requisitos exigidos pelas vagas. Nesse caso, os critérios de seleção podem ser adaptados ou, ainda, a empresa pode oferecer uma capacitação prévia ao ingresso dos selecionados na empresa. Veja o caso do Bradesco, que promove qualificação por meio da Universidade Bradesco (Unibrad):

É na Unibrad, também, que as pessoas com deficiência passam os seis primeiros meses a partir da contratação fazendo o curso de Gestão Bancária, recebendo, nesse ínterim, salário e benefícios. O programa de inclusão da comunidade LGBTI+, deslanchado no ano passado, culminou, este ano, com a criação do curso "Inclusão e Carreira da Comunidade LGBTI+ no Mercado de Trabalho". (Lazaretti, 2020)

> Ficou curioso sobre o caso do Bradesco? Conheça mais sobre o assunto em:
>
> LAZARETTI, B. Com foco na capacitação, Bradesco leva prêmio de diversidade e inclusão. **UOL Economia**, 1º dez. 2020. Disponível em: <https://economia.uol.com.br/noticias/redacao/2020/12/01/com-foco-na-capacitacao-bradesco-leva-premio-de-diversidade-e-inclusao.htm>. Acesso em: 11 maio 2021.

Benschop (2001), Armstrong et al. (2010) e Monks (2007) concordam que é necessário rever o papel da área de GP, ou de RH, com foco na execução de práticas concernentes à gestão de diversidade. Estudos a respeito do tema demonstram que a desigualdade e a discriminação ainda existem em alguns segmentos de GP, havendo, no geral, apenas políticas para o cumprimento legal, em conformidade com ações de oportunidades iguais de emprego e ações afirmativas (Shen et al., 2009; Blum; Fields; Goodman, 1994; Rynes; Rosen, 1995).

Você sabe quais são as principais atribuições da área de GP de acordo com seus subsistemas? Vejamos na figura a seguir.

Figura 2.1 – Subsistemas de gestão de pessoas

Provisão
- Planejamento
- Recrutamento
- Seleção

Aplicação
- *Onboarding* (socialização)
- Desenho de cargos
- Descrição e análise de cargos
- Avaliação de desempenho

Desenvolvimento
- Treinamento
- Educação corporativa
- Planejamento de carreira

Recompensa
- Salário fixo
- Remuneração variável
- Benefícios

Manutenção
- Saúde
- Segurança
- Clima organizacional
- Qualidade de vida
- Comunicação

Fonte: Elaborado com base em Mosca; Itala, 2018; Ferreira, 2015.

O subsistema de **provisão** contempla planejamento estratégico de pessoal, recrutamento e seleção, além de reunir atividades ligadas à atração de novos empregados para integrar os quadros da organização. No planejamento de RH, é necessário estimar a quantidade e a qualidade de pessoal necessárias ao longo do ano para atingir os objetivos estratégicos de curto, médio e longo prazos estabelecidos pela organização. Para tanto, devem-se considerar, ainda, indicadores como a rotatividade de pessoal – movimento de entrada e saída de pessoas da empresa – e o absenteísmo – concernente a faltas e atrasos.

No recrutamento, há a identificação das vagas em aberto e o estabelecimento do perfil técnico e comportamental necessário para cada vaga. Após essa etapa, tem-se a divulgação das oportunidades em locais e instituições que irão proporcionar maior quantidade de pessoas qualificadas e aptas a ocupá-las. São também escolhidos os tipos e as técnicas de seleção mais adequados.

Quanto às práticas de atração e captação de pessoas, Cox (1991) afirma que estas devem ser modificadas para proporcionar uma força de trabalho cada vez mais diversa. Shen et al. (2009, citados por Lima; Lucas, 2012, p. 6), por sua vez, consideram que "o preparo dos profissionais de recursos humanos e gerentes de linha que participam desse processo, e que receberão uma força de trabalho multicultural", é fundamental, devendo estes ser conscientizados "de que as suas crenças, valores, atitudes e estereótipos não podem influenciar na sua decisão de escolha". Robbins (2005, p. 115-116, grifo do original) exemplifica como as escolhas em processos seletivos não são neutras:

> A limitação da racionalidade descreve o processo de tomada de decisões utilizado na contratação da maioria dos novos funcionários. Após identificar a necessidade de um novo funcionário, os executivos tentam ajustar as exigências do cargo à qualificação dos candidatos. Depois, eles entrevistam um número limitado de candidatos e escolhem aquele que acreditam ser o que oferecerá um nível aceitável de desempenho.
>
> [...]
>
> O processo de tomada de decisões racionais pressupõe que levantemos informações objetivamente. Mas isto não acontece. Nós levantamos as informações **seletivamente**. O **viés de confirmação** representa um tipo específico de percepção seletiva. Buscamos informações que corroborem nossas escolhas anteriores e desprezamos aquelas que as contestam.

Fleury (2000, citado por Lima; Lucas, 2012, p. 6) conduziu uma pesquisa com empresas que têm operações no Brasil, concluindo "que as políticas e práticas de recrutamento e seleção focalizavam a diversificação da força de trabalho, principalmente no que se refere às questões de gênero". Nesse sentido, para Shen et al. (2009, citados por Lima; Lucas, 2012, p. 6), aquelas práticas que se referem "ao treinamento e desenvolvimento de empregados influenciam na gestão da diversidade" porque podem contribuir "para a formação da consciência da diversidade, com a construção de uma compreensão comum sobre o tema, o aumento da integração e da coesão dos membros de um grupo, portanto, melhorando os resultados individuais e organizacionais".

Admitida a pessoa, é o momento de lhe proporcionar as condições ideais para que aplique seus conhecimentos, suas habilidades e suas experiências em prol da organização – trata-se do subsistema de **aplicação**. A atividade de socialização, ou integração organizacional – também conhecida como *onboarding* –, diz respeito a formas de recepcionar o recém-contratado e aculturá-lo em relação às práticas, às políticas e aos valores da firma, facilitando sua adaptação, além de apresentar o novo empregado àqueles que já atuam na empresa, diminuindo a ansiedade e melhorando a produtividade. É importante, ainda, que esse funcionário conheça as particularidades de seu cargo, ou seja, saiba quais são as atividades que deve desempenhar a fim de colaborar na materialização das metas empresariais. Iniciada a execução dessas tarefas, é fundamental que o sujeito receba um *feedback* sobre seu desempenho para que possa perceber suas deficiências e seus pontos fortes, ou seja, o que está realizando satisfatoriamente. É o momento de alinhar as expectativas sobre o papel que ele tem desempenhado na organização e tomar medidas corretivas, caso necessário.

Quanto à socialização, ou seja, a integração dos novos colaboradores, é preciso conscientizá-los sobre a importância de valorizar a diversidade e sensibilizá-los sobre suposições, decisões e julgamentos que podem afetar o comportamento coletivo (Bateman; Snell,1998). Mas o que é socialização? Trata-se do "processo pelo qual o indivíduo aprende a desempenhar os vários papéis sociais necessários para sua participação efetiva na sociedade" (Maccali et al., 2015, p. 167). E qual é sua relação com a diversidade? O tipo de socialização que valoriza a diversidade ocorre quando a empresa desenvolve "práticas que divulguem sua política organizacional", revelando e disseminando "seus valores culturais como forma de tornar as relações com os indivíduos mais produtivas" (Maccali et al., 2015, p. 167). Toda nova admissão requer uma adaptação recíproca, que se reflete nas relações interpessoais (Martinez, 2008). Por intermédio do processo de socialização, ou integração organizacional, "o sujeito tenta se integrar ao sistema de valores e normas praticado pela organização" (Maccali et al., 2015, p. 167).

O subsistema de **desenvolvimento** compreende as ações voltadas para a capacitação técnica e comportamental das pessoas que atuam em uma organização. Pode ocorrer de forma presencial, a distância ou híbrida (presencial e a distância simultaneamente), mas seu objetivo é sempre atuar na transmissão de informações e no desenvolvimento de conceitos ou mudanças de atitude; logo, tem grande potencial de ampliar a conscientização sobre a importância da diversidade nos quadros organizacionais.

Cox Jr. (1991, citado por Lima; Lucas, 2012, p. 6) indica três tipos mais comuns de treinamentos sobre diversidade:

» treinamento de conscientização: o facilitador faz uso de informações sobre a demografia da força de trabalho e das ideias principais sobre diversidade em conjunto com exercícios de reflexão e discussão sobre pontos relevantes para formarem suas opiniões.

» treinamento de construção de habilidades: [...] provem [sic] informações mais específicas sobre normas culturais nos diferentes grupos e como essas afetam os comportamentos no trabalho. Em geral essas duas técnicas são combinadas.
» Ensino de idiomas: forma de promover o pluralismo.

De acordo com a pesquisa de Fleury (2000), no Brasil, as políticas e práticas de treinamento visam à formação de líderes e, entre outros objetivos, à conscientização a respeito das diferenças culturais que podem existir na organização. Golembiewski (1995), contudo, desacredita dos resultados de capacitações com esse foco, visto que podem reforçar atos hostis e estereótipos já arraigados.

Embora esse treinamento tenha diferentes finalidades, a principal é facilitar a integração de grupos minoritários no mercado de trabalho, geralmente com o objetivo de proporcionar a todos os trabalhadores as qualificações, os conhecimentos e a motivação para trabalhar de forma produtiva e interagir eficazmente com uma população diversificada de clientes, fornecedores, pares ou gestores.

Segundo Baxter (2003), é preciso identificar os motivos que levam a área de RH a não gerir adequadamente as práticas de diversidade e verificar como os programas de treinamento podem promover mudanças comportamentais. Para tanto, Chavez e Weisinger (2008) propõem que a organização acompanhe os objetivos do programa e contribua fornecendo uma oportunidade realista de criar e manter uma cultura organizacional que promova a diversidade e a inclusão, bem como sustente uma estratégia que possibilite a pessoas diversas contribuir com suas diferentes perspectivas.

O efetivo sucesso de treinamentos com foco em diversidade depende de a organização desenvolver e disseminar uma cultura na qual as pessoas possam se orgulhar de suas perspectivas únicas e estejam dispostas, e até mesmo ansiosas, para compartilhá-las (Chavez; Weisinger, 2008). Caso o ambiente não esteja livre de julgamentos nem adote uma postura de aceitação, os gestores podem ter dificuldade de incorporar essas perspectivas dentro do trabalho da organização e, com isso, perder oportunidades de capitalizar os *insights* gerados por uma força de trabalho diversificada.

Para Shen et al. (2009, citados por Lima; Lucas, 2012), o desenvolvimento profissional e o planejamento de carreira são processos da gestão de pessoas em que a discriminação pode ser percebida. Cox Jr. (1991, citado por Lima; Lucas, 2012, p. 7) sugere um sistema de gestão de carreira que oportunize a progressão de integrantes "dos grupos historicamente com menos acesso aos cargos de gestão, ou mesmo, o desenho de programas em que os representantes talentosos das minorias sejam identificados para posições de gestão". Agindo assim, é possível identificar, acompanhar e perceber a ascensão de integrantes de minorias às posições de gestão. Ragins (2011) e Mcmillan-Capehart (2006) sugerem o uso de programas de *mentoring* ou *coaching*, identificando-os como boas práticas. Você já ouviu falar em *coaching* e *mentoring*? Sabe o que esses termos significam? Vejamos suas definições no quadro a seguir.

Quadro 2.5 – Definição de *coaching* e de *mentoring*

Coaching	Mentoring
"Processo de aceleração de resultados que consiste no desenvolvimento de competências e habilidades para o alcance de resultados planejados".	"Espécie de tutoria em que um profissional, geralmente mais velho e mais experiente, orienta e compartilha com profissionais mais jovens, que estão iniciando no mercado de trabalho ou em uma empresa, experiências e conhecimentos, no sentido de dar-lhes orientações e conselhos para o desenvolvimento de suas carreiras".

Fonte: Elaborado com base em Marques, 2020.

Considerando a gestão da diversidade, os objetivos dos programas de *coaching* e *mentoring* são superar as barreiras invisíveis e acomodar as diferenças individuais, de modo que permitam a ascensão profissional (Ragins, 2011; Mcmillan-Capehart, 2004, citados por Lima; Lucas, 2012).

Ficou curioso sobre o *coaching*? Se sim, veja o vídeo a seguir:

MARQUES, J. R. **O que é coaching**: explicação completa. 21 set. 2019. (31 min 15 s). Disponível em: <https://www.youtube.com/watch?v=Muodna_oV84&feature=emb_logo>. Acesso em: 11 maio 2021.

Quer entender melhor a diferença entre *coaching* e *mentoring*? Indicamos a leitura:

MARQUES, J. R. O que é coaching e mentoring? **IBC – Instituto Brasileiro de Coaching**, 19 nov. 2020. Disponível em: <https://www.ibccoaching.com.br/portal/coaching/o-que-e-coaching-e-mentoring/>. Acesso em: 11 maio 2021.

No subsistema de **recompensa** estão as práticas que condicionam a remuneração das pessoas pelo trabalho. Por meio de políticas e tabelas salariais, é possível fixar valores salariais por cargo sem que haja interferências de posturas discriminatórias. Sobre as práticas de gestão de desempenho e remuneração, Schuler, Dowling e De Cieri (1993) e Shen et al. (2009) defendem que não haja tratamento especial dispensado a qualquer empregado. A inexistência de favoritismos ou protecionismo é importante para a construção e a preservação de um clima favorável no ambiente de trabalho. O clima organizacional, segundo Ferreira (2014), representa o nível de satisfação dos empregados quanto a alguns aspectos da vida organizacional, como relacionamento interpessoal, liderança, comunicação, políticas e práticas de gestão de pessoas. Trata-se, em síntese, do quão felizes as pessoas estão por trabalhar naquela empresa. Para Cox Jr. (1991), criar grupos de representantes das minorias que atuem como assessores e que tenham acesso direto aos executivos seniores das organizações, com o papel de sugerir recomendações para a melhoria do ambiente, impacta positivamente o clima organizacional.

Por fim, no subsistema de **manutenção** estão as práticas que visam proporcionar às pessoas um ambiente físico e psicológico adequado ao desenvolvimento de relações produtivas entre os trabalhadores, com disponibilidade de equipamentos adequados, monitoramento da saúde dos colaboradores e pesquisas que avaliem seu nível de satisfação.

2.3.1 Indicadores de diversidade em gestão de pessoas

Considerando-se as práticas de gestão de pessoas atualmente em vigor, é cada vez mais premente mensurar a diversidade organizacional (Kossek et al., 2005; Shen et al., 2009, citados por Lima; Lucas, 2012). Para isso, devem ser criados indicadores relativos a recrutamento, seleção, treinamento, avaliação de desempenho e remuneração, bem como avaliadas políticas, ferramentas, tipo de formalização, documentação e registro. Mas como essa mensuração pode ser feita? De diversas formas, como estimar a quantidade de integrantes de um público específico contratados ou promovidos e o percentual de integrantes de um grupo em cargos de liderança.

Além da necessidade de estabelecer indicadores e metas de diversidade internas, hoje em dia é possível comparar as práticas de uma organização com as de outras, por meio, por exemplo, da participação ou do acompanhamento de pesquisas específicas – como O Guia Exame de Diversidade, uma iniciativa do Instituto Ethos e da revista *Exame*, que contempla as categorias étnico-racial, mulheres, LGBTQIA+ e pessoas com deficiência.

Para saber mais sobre o assunto, acesse:

ROMANO, R. Guia Exame de Diversidade divulga resultados. **Instituto Ethos**, 15 jun. 2020. Disponível em: <https://www.ethos.org.br/cedoc/guia-exame-de-diversidade-divulga-resultados/>. Acesso em: 11 maio 2021.

Kochan et al. (2003) indicam impactos positivos e negativos da gestão de pessoas contemplando a diversidade:

» As práticas que apoiam a criação de uma força de trabalho com habilidades para converter a diversidade em vantagem competitiva geram um potencial impacto positivo nos resultados.

» As práticas que pouco interferem na formação de equipes diversas carregam uma maior probabilidade de entregar resultados negativos, incluindo um clima organizacional ruim, ou seja, um lugar em que as pessoas não se sentem felizes em atuar.

Ao se discutir a implementação de práticas relacionadas à gestão de diversidade pela gestão de pessoas é importante considerar os elementos da cultura organizacional. Para Shen et al. (2009, citados por Lima; Lucas, 2012, p. 7), "o comprometimento da alta direção com a diversidade deve estar refletido na estratégia do negócio, pois somente dessa forma as barreiras psicológicas e operacionais, tradicionalmente existentes [...], poderão ser removidas". Nesse sentido, o papel da liderança, como já destacamos em outros pontos do livro, é fundamental para a geração e a manutenção de um clima e uma cultura organizacionais que valorizem a diversidade. Mudanças culturais – se possíveis – são sempre mais complexas e demoradas de serem empreendidas; o clima, contudo, é mais mutável. Caso o compromisso com a diversidade não seja consistente e reforçado pela gestão, uma mudança cultural significativa pode ser necessária para que se considere o capital intelectual, as pessoas, como parte da estratégia do negócio, criando-se, assim, uma atmosfera de aceitação e respeito entre todos (Easley, 2001, citado por Lima; Lucas, 2012).

Saraiva e Irigaray (2009) acreditam que os discursos organizacionais, mesmo quando são explicitados por meio da criação e disseminação de políticas, podem ser pouco efetivos, devido, basicamente, à reação dos colaboradores e gestores da organização. Em outras palavras, pode-se dizer que a configuração de uma estratégia da área de RH em forma de políticas não significa, necessariamente, efetividade em sua implementação (Saraiva; Irigaray, 2009). Ainda, devemos lembrar que a elaboração de uma política, sua implementação, acompanhamento e, finalmente, a obtenção de resultados mais palpáveis requer tempo.

Dentre as dificuldades de implementação das práticas de gestão da diversidade, destacam-se: a desconfiança da efetividade do quadro de colaboradores quanto aos programas; as atitudes preconceituosas – explícitas ou veladas – em relação aos beneficiários dos programas; e a dificuldade de mudar as rotinas de administração de recursos humanos (Alves; Galeão-Silva, 2004).

Em apoio e de forma complementar ao que já foi apresentado, Bowen e Ostroff (2004), Nishii, Lepak e Schneider (2008) e Purcell (1999) afirmam que a maneira como as empresas aderem a práticas de gestão de pessoas afeta a percepção dos colaboradores sobre a intenção real dos programas. A adoção de um discurso que não seja evidenciado em ações práticas, concretas, pode gerar descrença em relação às políticas em curso e à real possibilidade de ascensão e de reconhecimento (Saraiva; Irigaray, 2009). Alinhar discurso e prática é fundamental nesse sentido.

A pesquisa do Instituto Ethos (2016c), denominada *Perfil social, racial e de gênero das 500 maiores empresas no Brasil e suas ações afirmativas,* estabelece alguns indicadores para averiguar a existência de práticas de gestão da diversidade. Vejamos quatro deles mais voltados para a atuação da área de GP ou de administração de RH.

1. **Políticas e ações afirmativas adotadas pela empresa:**

    » Estabelece metas para reduzir a diferença entre o maior e o menor salário pago pela empresa.

    » Estabelece missão, código de conduta, compromissos e valores da empresa que incorporem o tema da diversidade e princípios de igualdade de oportunidades.

    » Oferece bolsas [...] para qualificação, formação e aprimoramento dos funcionários.

    » Capacita gestores(as) e equipes no tema da diversidade e dos princípios de igualdade de oportunidades, com suas implicações no âmbito do trabalho.

    » Identifica e divulga boas práticas internas de gestão e relacionamento que promovam direitos humanos e respeitem grupos vulneráveis à discriminação no mercado de trabalho, dando visibilidade ao tema, aos compromissos da empresa e aos gestores(as) e empregados(as) que praticam inclusão e respeito.

    » Desenvolve [...] alguma política visando à promoção da igualdade de oportunidades para o público LGBT entre seus funcionários.

    » Tem política de concessão de benefícios iguais para casais do mesmo sexo.

    » Tem canais de reclamação (como ouvidoria e escritório de *ombudsman*) para receber e solucionar queixas em relação a problemas como assédio moral e casos de preconceito de raça, gênero, idade, orientação sexual e identidade de gênero.
    (Instituto Ethos, 2016c, p. 53)

Observam-se aqui alguns itens que exemplificam conteúdos já abordados, como a importância da instituição formal de políticas e práticas que materializem resultados do discurso sobre diversidade. O alinhamento do discurso com as ações de capacitação, ouvidoria e equidade salarial é essencial para entender a realidade de cada organização, realizando diagnósticos e acompanhamento de números que revelem a evolução das políticas e práticas em cada realidade organizacional.

2. Ações de diagnóstico e monitoramento:

> » Realiza um censo para levantamento de dados a respeito do público interno que considere gênero, cor ou raça, escolaridade, faixa etária, deficiência e tempo de casa, possibilitando análises e formulação de propostas para promover a equidade na distribuição de oportunidades. [...]
> » Estimula e apoia grupo(s) de trabalho(s) que elabore(m) medidas de combate à discriminação na empresa e no local de trabalho.
> (Instituto Ethos, 2016c, p. 53)

Uma das condutas relacionadas à implantação de ações afirmativas é a contratação por números, como já vimos. Para que seja possível proporcionar o ingresso de integrantes de grupos diversos na organização, é fundamental revisar e reestruturar políticas e práticas de recrutamento e seleção, porta de entrada para qualquer colaborador que venha a ser contratado.

3. Recrutamento e seleção:

> » Diversifica as formas de anunciar as vagas para atingir públicos que são usualmente discriminados no mercado de trabalho.
> » Ao publicar as vagas, demonstra o interesse [efetivo na] diversidade [...], manifestando que a empresa valoriza [...] os princípios de igualdade de oportunidades e encoraja grupos vulneráveis à discriminação a se candidatarem.
> » Apoia projetos na comunidade que visem melhorar a oferta de profissionais qualificados provenientes de grupos vulneráveis à discriminação.

» Capacita profissionais que trabalham com recrutamento e seleção para que melhorem o entendimento do tema da diversidade e os princípios de igualdade de oportunidades na aplicação prática do compromisso da empresa com a não discriminação. (Instituto Ethos, 2016c, p. 54)

Uma vez que integrantes de grupos diversos já foram admitidos e fazem parte do quadro de colaboradores, é preciso entender seus desejos a fim de lhes proporcionar oportunidades de crescimento, lembrando da importância de capacitar gestores para a adoção de critérios não discriminatórios nos processos.

4. Promoção e carreira:

» Observa o público interno como o maior interessado em mobilidade [e] mudanças de carreira ou função.
» Realiza ações afirmativas que favoreçam o crescimento na carreira, voltadas sobretudo para grupos vulneráveis à discriminação no mercado de trabalho.
» Estabelece ferramentas e procedimentos de avaliação e identificação de potenciais para desenvolvimento na carreira, alinhando-os com a postura de não discriminação da empresa e, ao mesmo tempo, identificando posturas discriminatórias.
» Inclui quesitos de diversidade e princípios de igualdade de oportunidades nas ferramentas de avaliação de desempenho, que permitam identificar a necessidade de ações afirmativas em favor de grupos vulneráveis à discriminação no mercado de trabalho. (Instituto Ethos, 2016c, p. 54)

Ainda segundo dados do Instituto Ethos (2016c, p. 55), na última pesquisa realizada:

> Quatro itens receberam maiores proporções de indicação neste quadro de políticas ou ações afirmativas apresentado

às empresas: o oferecimento de bolsas para formação, qualificação e aperfeiçoamento dos funcionários (85,5%); a observação, no público interno, do interesse por mobilidade, mudanças de carreira ou função (83,8%); a manutenção de canais de reclamação, como ouvidoria e escritório de *ombudsman* (76,1%); e o zelo para que o marketing e a comunicação da empresa não utilizem campanhas com conteúdo discriminatório para grupos vulneráveis à discriminação no mercado de trabalho (72,6%).

Com essas informações em mãos, esperamos que você tenha percebido a pertinência das atividades de gestão de pessoas para as organizações de forma geral e para os integrantes de seu quadro funcional. As pessoas são as responsáveis por transformar os recursos da empresa em resultados, sejam produtos, sejam serviços, e precisam ser geridas como ativos que são, pois representam o capital intelectual da organização. Imagine uma empresa de consultoria ou uma universidade, que resultados essas organizações poderiam produzir sem as pessoas? Arriscamos dizer: nenhum.

As atividades de gestão de pessoas acarretam impactos em todos os setores e níveis da organização e também podem colaborar para promover a diversidade, conforme mostramos até aqui. Seja na atração e na seleção de pessoas diversas, seja na promoção da integração entre os membros da empresa, seja no estabelecimento de critérios de gestão de desempenho e indicadores de diversidade, notamos o protagonismo da área de GP em relação à inclusão da diversidade.

Nos próximos capítulos, vamos analisar com mais detalhes alguns dos tipos de diversidade existentes, iniciando com os portadores de deficiência.

3 Diversidade das pessoas com deficiência

Quando se fala sobre **diversidade**, os portadores de deficiência aparecem como alvo de uma série de ações afirmativas no Brasil e no mundo.

Mas o que é *deficiência*? Alguma vez você já refletiu sobre o significado dessa palavra? *Deficiência*, para fins de proteção legal, é uma limitação física, mental, sensorial ou múltipla que incapacita a pessoa para o exercício de atividades normais da vida e dificulta sua inserção social. As leis se estendem também a pessoas reabilitadas, que se submeteram a programas oficiais de recuperação da atividade laboral. Tal condição precisa ser atestada por documentos expedidos pelo Instituto Nacional do Seguro Social (INSS) ou órgãos que exerçam função por ele delegada.

No Brasil, duas normas internacionais regulam esse assunto e têm *status* de leis nacionais, que são:

1. A Convenção n. 159/1983 da Organização Internacional do Trabalho (OIT, 1983) sobre a Reabilitação Profissional e Emprego de Pessoas Deficientes, promulgada pelo Decreto n. 129,

de 22 de maio de 1991 (Brasil, 1991a), revogado mais tarde pelo Decreto n. 10.088, de 5 de novembro de 2019 (Brasil, 2019).
2. A Convenção Interamericana para a Eliminação de Todas as Formas de Discriminação Contra as Pessoas Portadoras de Deficiência, também conhecida como *Convenção da Guatemala*, promulgada pelo Decreto n. 3.956, de 8 de outubro de 2001 (Brasil, 2001).

3.1 Legislação específica

Em conformidade com o Plano de Benefícios da Previdência Social, a legislação que rege a inserção de pessoas com deficiência (PcDs) no ambiente de trabalho é a Lei n. 8.213, de 24 de Julho de 1991 (Brasil, 1991c). Conforme consta em seu art. 93 sobre cotas, as organizações com um quadro de funcionários superior a 100 colaboradores são obrigadas a preencher de 2% a 5% das vagas disponíveis com beneficiários reabilitados ou pessoas portadoras de deficiência, conforme a distribuição apresentada na tabela a seguir.

Tabela 3.1 – Percentual de vagas destinadas a PcDs nas organizações

Quantidade de funcionários	Percentual de vagas PcDs
De 100 a 200	2%
De 201 a 500	3%
De 501 a 1.000	4%
De 1.001 em diante	5%

Fonte: Elaborado com base em Brasil, 1991c.

O não cumprimento da Lei de Cotas implica multas de R$ 2.331,32 até o teto de R$ 233.130,50, em casos de recorrência, de acordo com Portaria n. 15, de 16 de janeiro de 2018 (Brasil, 2018), do Ministério da Fazenda. O Decreto n. 3.298, de 20 de dezembro de 1999 (Brasil, 1999), por sua vez, determina outros conceitos importantes, como o significado de **deficiência permanente e incapacidade**. Seguem as definições segundo o art. 3°, incisos II e III:

> II. deficiência permanente – aquela que ocorreu ou se estabilizou durante um período de tempo suficiente para não permitir recuperação ou ter probabilidade de que se altere, apesar de novos tratamentos; e
>
> III. incapacidade – uma redução efetiva e acentuada da capacidade de integração social, com necessidade de equipamentos, adaptações, meios ou recursos especiais para que a pessoa portadora de deficiência possa receber ou transmitir informações necessárias ao seu bem-estar pessoal e ao desempenho de função ou atividade a ser exercida. (Brasil, 1999)

São duas as principais legislações que, no Brasil, objetivaram garantir acesso ao mercado de trabalho às PcDs: (1) Lei n. 8.213/1991 – que estabeleceu cotas no setor privado (Brasil, 1991a) – e (2) Lei n. 8.112, de 11 de dezembro de 1990– que estipulou reserva de vagas nos concursos públicos (Brasil, 1991b).

Para Figueira (2008), esses instrumentos de ação afirmativa buscam corrigir desvantagens históricas acumuladas por PcDs, que eram vitimizadas pelo preconceito e pela discriminação social e percebidas como incapazes ou inválidas. Rosa (2009, citado por Garcia, 2014, p. 180), observa que, devido à dinâmica do sistema capitalista, "não é possível esperar que todas as pessoas com deficiência se insiram no mercado de trabalho formal", visto que "estamos longe de uma situação de acesso pelo que se chama de 'trabalho decente', em boas condições de ocupação e com um padrão significativo de remuneração, o que vale tanto para pessoas com deficiência como para os trabalhadores em geral". (Sachs, 2004, citado por Garcia, 2014, p. 180-181).

Braga e Schumacher (2013, citados por Miranda; Carvalho, 2016, p. 189) enfatizam que a "obrigação imposta pela Lei de Cotas não deve se restringir à reserva e ao consequente preenchimento do percentual correto de postos de trabalho nas organizações", mas garantir a eliminação de barreiras arquitetônicas, mudanças de atitude, ajustes na forma de comunicação, além de criar condições materiais e institucionais para a inclusão.

Todavia, um conjunto de leis garante que uma PcD seja adequadamente integrada a uma empresa? Se sua resposta foi "não", você acertou. Nesse sentido, é fundamental que a organização promova, conforme rege o art. III, item 2, "c", da Lei n. 3.956/2001, a sensibilização em seu quadro funcional a fim de minimizar preconceitos e estereótipos e desencorajar "atitudes que atentam contra o direito das pessoas a serem iguais, permitindo desta forma o respeito e a convivência com as pessoas portadoras de deficiência" (Brasil, 2001). A empresa precisa, ainda, desenvolver um processo de acompanhamento do empregado com deficiência, para que se integre com colegas e gestores e se adapte às rotinas de trabalho. Para isso, empregado e gestores devem ser consultados sobre possíveis alterações no ambiente de trabalho: o próprio empregado pode sugerir modificações com base em sua vivência laboral, e o chefe, orientado e apoiado pelas dificuldades relatadas, pode encontrar soluções para aperfeiçoar a execução das rotinas.

Segundo Tanaka e Manzini (2005, p. 280), a contratação de PcDs por organizações brasileiras ocorre, geralmente, para desempenhar funções "de natureza mais simples e que exigem pouca qualificação profissional". Logo, a lei não implica, necessariamente, condições "mais justas" de trabalho, como indica o fato de as vagas abertas aos deficientes normalmente oferecerem um menor salário devido ao pressuposto de baixa produtividade. Outro motivo é a crença de que uma PcD tem maior dificuldade em arranjar emprego e, assim sendo, está disposta a aceitar propostas salariais menos competitivas (Jones, 2008, citado por Miranda; Carvalho, 2016).

> O *site* Salário.com.br, com base em dados salariais de cada profissão, conforme constam no Cadastro Geral de Empregados e Desempregados (Caged), eSocial e Empregador Web, divulgados pela Secretaria da Previdência e Trabalho do Ministério da Economia (antigo Ministério do Trabalho – MTE), apresenta dados interessantes sobre empregabilidade e remuneração de PcDs. Ficou curioso em saber a respeito da disparidade salarial nesse grupo? Consulte as informações disponibilizadas em:
>
> SALÁRIO.COM.BR. **Pesquisa Cargos e Salários PCD – Pessoas com Deficiência**. Disponível em: <https://www.salario.com.br/tabela-salarial/salarios-pcd-pessoas-com-deficiencia/>. Acesso em: 11 maio 2021.

Mesmo com a Lei de Cotas em vigor, seu cumprimento é visto como um desafio para empresas, que alegam não encontrar candidatos com o nível desejado de escolaridade (Leite; Lorentz, 2011). É possível perceber que a maioria das empresas ainda não cumpre as cotas fixadas pela legislação; consequentemente, "a participação de pessoas com deficiência no mercado de trabalho formal brasileiro é ainda marcada pela restrição de oportunidades" (Tette; Carvalho-Freitas; Oliveira, 2013, citados por Miranda; Carvalho, 2016). Essa restrição pode ser constatada nos dados do *site* Salário.com.br, cujos números são atualizados mensalmente. Na época da escrita desta obra, por exemplo, havia a indicação de que, em uma amostragem de 20.947.111 profissionais efetivos admitidos em jornada integral e desligados em regime de CLT (Consolidação das Leis do Trabalho), um total de 223.508 eram PcDs, o que representa uma participação no mercado de trabalho de 1.07% (Salario.com.br, 2021).

A lei, por si só, não é um fator de inclusão social; é necessário que as organizações se preparem para receber profissionais com deficiências, promovendo, inclusive, uma série de adaptações físicas e sociais (Lara; Ávila; Carvalho-Freitas, 2008).

Campos, Vasconcellos e Kruglianskas (2013, p. 562) defendem a necessidade de distinguir entre a inclusão de PcDs e sua mera inserção em uma empresa. A inserção consiste na implantação de "práticas simples de recrutamento e seleção"; já a inclusão "requer planejamento para um programa que perpasse todos os processos de gestão de pessoas, promovendo o alinhamento estratégico horizontal entre eles e vertical com os macro-objetivos organizacionais". Para que a inclusão, de fato, seja possível, faz-se necessário um trabalho conjunto e harmônico entre a área de gestão de pessoas (GP), a alta liderança e demais áreas estratégicas e táticas da empresa. A responsabilidade por gerar um clima de inclusão é de todos, mas isso só é possível com o comprometimento e o apoio de diversos atores da realidade organizacional.

A respeito da inclusão, Beltrão e Brunstein (2012) concordam que a oferta de empregos para PcDs é importante, sendo o início de um processo que deve, ainda, ensejar reais possibilidades de desenvolvimento e crescimento. Mor Barak (2005) concebe a inclusão como o senso de pertencimento ao grupo, a percepção de que o indivíduo é parte integrante do sistema organizacional, considerando-se tanto aspectos formais – relativos à comunicação e à tomada de decisão – como informais – que dependem do envolvimento dos colaboradores na vida social da organização.

Maciel (2000) ressalta que, ao qualificar alguém como deficiente, essa pessoa passa a ser percebida como indefesa e sem direitos, tornando-se marginalizada no grupo social. Carvalho-Freitas et al. (2013) identificaram que muitas PcDs não se sentem, de fato, incluídas, por não disporem de recursos físicos adequados, não receberem capacitação e treinamento, não terem relevante participação nos processos de tomada de decisão e receberem pouco ou nenhum *feedback* sobre seu trabalho.

Violante e Leite (2011) verificaram que uma grande quantidade de organizações opta pela contratação de PcDs cujas limitações não demandam mudanças significativas no ambiente de trabalho. Contudo, o envolvimento e o acompanhamento, antes e após o processo de inserção do deficiente, são essenciais para viabilizar o processo de inclusão, o que requer da empresa uma postura que ultrapassa o mero cumprimento da cota legalmente instituída (Rosa et al., 2013). Uma vez mais se confirma que a gestão da diversidade não corresponde apenas ao estabelecimento de ações afirmativas.

Além de os cargos ocupados por PcDs em organizações brasileiras geralmente exigirem pouca ou quase nenhuma qualificação, envolvem pequena interação com o público, talvez para que permaneçam em atividades exclusivamente internas (Miranda; Carvalho, 2016). A fim de atuar no sentido de promover a inclusão dos portadores de necessidades especiais, a Organização das Nações Unidas (ONU), em seus Objetivos de Desenvolvimento Sustentável (ODS), aborda metas direcionadas a esse público, que examinaremos adiante.

3.2 ODS e sua relação com as PcDs

Você já ouviu falar sobre os ODS da ONU? Eles representam "um apelo global à ação para acabar com a pobreza, proteger o meio ambiente e o clima e garantir que as pessoas, em todos os lugares, possam desfrutar de paz e de prosperidade" (Nações Unidas Brasil, 2021a). São 17 objetivos (Figura 3.1) que devem ser atingidos até 2030 e que foram definidos na Cúpula das Nações Unidas sobre o Desenvolvimento Sustentável realizada em 2015.

Figura 3.1 – Objetivos de Desenvolvimento Sustentável da ONU

Fonte: Nações Unidas Brasil, 2021a.

Considerando os ODS, há cinco referências mais diretamente relacionadas às PcDs, nos seguintes temas: (1) educação inclusiva e oportunidades de aprendizagem; (2) emprego pleno, produtivo e de igual remuneração; (3) empoderamento e inclusão social; (4) acesso a transportes e espaços públicos seguros e inclusivos; e (5) disponibilidade de dados confiáveis.

A educação de qualidade e para todos é foco do **ODS 4**, que visa: "Garantir o acesso à educação inclusiva, de qualidade e equitativa, e promover oportunidades de aprendizagem ao longo da vida para todos" (Nações Unidas Brasil, 2021b). A referência aos portadores de deficiência é identificada, de forma explícita, nas metas 4.5 e 4.a, indicadas a seguir:

> 4.5 Até 2030, eliminar as disparidades de gênero na educação e garantir a igualdade de acesso a todos os níveis de educação e formação profissional para os mais vulneráveis, **incluindo as pessoas com deficiência**, povos indígenas e as crianças em situação de vulnerabilidade.
>
> [...]
>
> 4.a Construir e melhorar instalações físicas para educação, apropriadas para crianças e **sensíveis às deficiências** e ao gênero, e que proporcionem ambientes de aprendizagem seguros e não violentos, inclusivos e eficazes para todos. (Nações Unidas Brasil, 2021b, grifo nosso)

Caso uma sociedade queira, de fato, incluir as PcDs, é fundamental iniciar com o acesso à educação, pois é ela que vai favorecer e possibilitar todas as demais medidas, como as relativas ao acesso ao trabalho.

Outro objetivo que merece destaque aqui é o **ODS 8**, que tem como foco o mercado de trabalho e visa "Promover o crescimento econômico inclusivo e sustentável, o emprego pleno e produtivo e o trabalho digno para todos" (Nações Unidas Brasil, 2021d). A meta 8.5 atenta aos portadores de necessidades especiais: "8.5 Até 2030, alcançar o emprego pleno e produtivo e trabalho decente para todas as mulheres e homens, **inclusive para** os jovens e **as pessoas com deficiência**, e remuneração igual para trabalho de igual valor" (Nações Unidas Brasil, 2021d, grifo nosso). Nesse objetivo, está claro o comprometimento com a garantia do acesso ao emprego e remunerações dignos.

A desigualdade é tema do **ODS 10**, que objetiva "Reduzir as desigualdades no interior dos países e entre países" (Nações Unidas Brasil, 2021e). A meta 10.2 destaca: "Até 2030, empoderar e promover a inclusão social, econômica e política de todos, **independentemente** da idade, gênero, **deficiência**, raça, etnia, origem, religião, condição econômica ou outra" (Nações Unidas Brasil, 2021e, grifo nosso).

O **ODS 11**, por sua vez, é voltado para a criação de cidades e comunidades sustentáveis de modo a torná-las "mais inclusivas, seguras, resilientes e sustentáveis" (Nações Unidas Brasil, 2021f). A menção às PcDs é feita em suas metas 11.2 e 11.7:

> 11.2 Até 2030, proporcionar o acesso a sistemas de transporte seguros, acessíveis, sustentáveis e a preço acessível para todos, melhorando a segurança rodoviária por meio da expansão dos transportes públicos, **com especial atenção para as necessidades das pessoas em situação de vulnerabilidade**, mulheres, crianças, **pessoas com deficiência** e idosos.
>
> [...]
>
> 11.7 Até 2030, proporcionar o acesso universal a **espaços públicos seguros**, inclusivos, acessíveis e verdes, particularmente **para** as mulheres e crianças, pessoas idosas e **pessoas com deficiência**. (Nações Unidas Brasil, 2021f, grifo nosso)

Os ODS 10 e 11 tratam de desigualdades e desenvolvimento sustentável. Para serem atingidos, é preciso criar condições que considerem as PcDs como sujeitos e garantam a elas acesso aos direitos fundamentais de qualquer cidadão.

Já o **ODS 17** versa sobre a importância da implantação e do acompanhamento de métricas e dados que permitam a compreensão de indicadores associados ao desenvolvimento sustentável das nações. Esse objetivo contempla ainda as parcerias globais, com o intuito de revitalizá-las, e as formas de implementação, com o foco em reforçar o desenvolvimento sustentável. É o objetivo que apresenta mais metas e aborda diferentes frentes associadas ao desenvolvimento sustentável, como finanças, tecnologia, capacitação, comércio, coerência de políticas e de instituições, parcerias multissetoriais, dados, monitoramento e prestação de contas. Em sua meta 17.18, uma vez mais é indicada, de maneira explícita, a preocupação com os portadores de necessidades especiais:

> 17.18 Até 2020, reforçar o **apoio à capacitação para os países em desenvolvimento**, inclusive para os países menos desenvolvidos e pequenos Estados insulares em desenvolvimento, **para aumentar significativamente a disponibilidade** de dados de alta qualidade, atuais e confiáveis, desagregados por renda, gênero, idade, raça, etnia, status migratório, **deficiência**, localização geográfica e outras características relevantes em contextos nacionais. (Nações Unidas Brasil, 2021g, grifo nosso)

Portanto, os ODS apresentam direcionadores e metas fundamentais referentes aos portadores de deficiências, no que concerne tanto à inclusão na sociedade geral (acesso a educação, transportes, espaços) quanto ao mercado de trabalho. Hoje já existem empresas que se inspiram nos ODS para formular suas práticas de gestão, inclusive as de gestão de pessoas. Mas qual é o papel desempenhado pelo setor de recursos humanos (RH)? Vamos entender essa questão no próximo tópico.

3.3 Gestão de RH na inclusão de PcDs

O papel do RH na promoção da diversidade, considerando-se as PcDs, é amplo e inicia pela sensibilização dos gestores da organização. Cabe ao RH: atuar sobre a possibilidade de PcDs ocuparem cargos e executarem atividades múltiplas; conduzir exercícios de conscientização e sensibilização sobre a necessidade de acolhimento do diferente; adaptar o ambiente físico de trabalho para o adequado recebimento do portador de deficiência; acompanhar o portador de deficiência e o gestor no andamento do trabalho, bem como diante de dificuldades e oportunidades encontradas; desenvolver um programa de cargos e salários que contemple, de forma justa, o portador de necessidade especial e proporcione seu crescimento. São essenciais, ainda, ações que objetivem a inclusão e o trabalho conjunto.

Para Maccali et al. (2015, p. 165): "O processo de inclusão implica a adequação da estrutura organizacional às pessoas com deficiência e o reconhecimento das características e competências que elas podem oferecer à organização". As autoras defendem que não existe um modelo pronto, pré-formatado, a ser seguido para a inclusão de PcDs, mas é necessário não se restringir a ações corretivas isoladas como forma de adaptar os processos de recrutamento e seleção. É preciso uma visão mais ampla, que, de fato, considere o planejamento e "uma concepção de políticas organizacionais que promovam a diversidade dentro das organizações e ações inclusivas" (Maccali et al., 2015, p. 165).

Fernandes, Moura e Ribeiro (2011, citados por Maccali et al., 2015, p. 165) "verificaram que o que era, a princípio, somente uma tentativa de cumprimento da lei de inclusão passou a ser uma postura assumida pela organização de preocupação com o ambiente que a cerca e com o seu próprio futuro". Com isso, a contratação de PcDs tornou-se um processo contínuo de recrutamento e seleção, uma vez que não poderia ser efetivada por meio do processo tradicional (Maccali et al., 2015). O primeiro passo, segundo Maccali et al. (2015), foi verificar os principais motivos que dificultavam a inclusão das PcD. Observaram-se os seguintes problemas:

» Atitudes de resistência e preconceito eram disseminadas pela própria área de RH, que se sentia insegura em relação à produtividade das PcDs e à forma de tratá-las.
» Falta de aceitação, por parte da PcD, de sua condição, aliada a uma ausência de preparo e qualificação.
» Falta de acessibilidade devido à estrutura física inadequada.

> Se já não é trivial para um trabalhador sem nenhum tipo de deficiência se deslocar em transportes públicos nos horários de maior movimento, imagine o desafio que isso representa para muitas PcDs. Como é a estrutura de transporte público em sua região? Ela é, realmente, inclusiva e disponibiliza condições de acessibilidade mínimas para permitir o deslocamento de PcDs?

Mesmo com o advento da Lei n. 10.098, de 19 de dezembro de 2000 (Brasil, 2000b), que estabeleceu normas e critérios para a promoção da acessibilidade, a inclusão ainda é impactada negativamente. Em seu art. 2º, inciso I, a lei define *acessibilidade* como:

> possibilidade e condição de alcance para utilização, com segurança e autonomia, de espaços, mobiliários, equipamentos urbanos, edificações, transportes, informação e comunicação, inclusive seus sistemas e tecnologias, bem como de outros serviços e instalações abertos ao público, de uso público ou privados de uso coletivo, tanto na zona urbana como na rural, por pessoa com deficiência ou com mobilidade reduzida. (Brasil, 2000b)

Mosca e Itala (2018) esclarecem que a acessibilidade é uma antiga e legítima pauta das PcDs. Seu conceito não pode se restringir a uma minimização das barreiras arquitetônicas, devendo abranger modos de possibilitar igualdade de oportunidades e superação de preconceitos. Alguns autores preconizam seis dimensões para a acessibilidade: (1) arquitetônica, (2) atitudinal, (3) comunicacional, (4) instrumental, (5) metodológica e (6) programática, conforme apresenta o quadro a seguir.

Quadro 3.1 – Dimensões de acessibilidade

Dimensão	Característica
Arquitetônica	Eliminação de barreiras ambientais físicas no interior e no entorno do local de trabalho, bem como nos meios de transporte das empresas.
Atitudinal	Inexistência de preconceitos e discriminações, fruto de programas e práticas de sensibilização e de conscientização.
Comunicacional	Ausência de barreiras na comunicação interpessoal, escrita e virtual.
Instrumental	Inexistência de barreiras em instrumentos e utensílios de trabalho (ferramentas, máquinas, equipamentos, entre outros).

(continua)

(Quadro 3.1 – conclusão)

Dimensão	Característica
Metodológica	Ausência de barreiras nos métodos e técnicas de trabalho.
Programática	Supressão de barreiras invisíveis em âmbito político (leis, decretos, portarias, resoluções, ordens de serviço e regulamentos).

Fonte: Elaborado com base em Mosca; Itala, 2018.

> No local em que trabalha ou estuda, você consegue perceber alguma dessas barreiras? Se sim, quais seriam suas propostas para eliminá-las ou minimizá-las?

A eliminação ou minimização dessas barreiras aumenta a integração, melhora a produtividade e o desempenho em uma empresa, caracterizando, assim, uma cultura de inclusão. A inserção das PcDs é apenas um dos itens de uma política de diversidade, pois, como vimos, não se trata somente de contratá-las, mas sim de lhes oferecer possibilidades para ampliar seu potencial na organização.

> E você, como vê a questão da inserção de PcDs e da acessibilidade no seu local de trabalho ou em algum lugar que frequente, como lojas, instituições públicas e faculdade? Indique, nas situações reconhecidas, se o que ocorre com as PcDs é inclusão, exclusão, segregação ou integração.

Quanto ao processo de recrutamento e seleção de PcDs, Fernandes, Moura e Ribeiro (2011) evidenciam a necessidade de flexibilizá-lo por meio da diminuição da exigência de escolaridade, experiências e cursos, pois isso configura o fator que mais dificulta sua implantação. Segundo Maccali et al. (2015), para o recrutamento de profissionais PcDs, é preciso empreender uma pesquisa de mercado a fim de identificar possíveis fontes; ampliar e diferenciar os canais de comunicação para alcançar os candidatos-alvo; e recompensar os funcionários responsáveis pelo recrutamento em função de seu sucesso no aumento da diversidade dos membros organizacionais.

No Brasil, já é possível encontrar organizações sem fins lucrativos especializadas na educação e que também atuam no recrutamento, ajudando na colocação de seus alunos no mercado de trabalho (Batista, 2002; Bezerra; Vieira, 2012; Kuabara, 2013; Toledo; Blascovi-Assis, 2007). Como exemplos de instituições que, entre outros projetos de inclusão, atuam na mediação indicada, podemos citar o Instituto Brasileiro dos Direitos da Pessoa com Deficiência (IBDD), fundado em 1998, e a Universidade Livre para a Eficiência Humana (Unilehu), fundada em 2004.

> Ficou curioso e quer saber mais sobre o IBDD e a Unilehu? Acesse os *sites* das duas instituições:
>
> UNILEHU – Universidade Livre para a Eficiência Humana. **Quem somos**. Disponível em: <http://unilehu.org.br/quem-somos/>. Acesso em: 11 maio 2021.
>
> IBDD – Instituto Brasileiro dos Direitos da Pessoa com Deficiência. **Quem somos**. Disponível em: <http://www.ibdd.org.br/quem-somos.asp?t=>. Acesso em: 11 maio 2021.

Batista (2002, citado por Maccali et al., 2015, p. 166) aponta que "o papel das entidades na intermediação da inserção da pessoa com deficiência no mercado de trabalho começou a se destacar principalmente depois da década de 1990, com a legislação voltada para a inclusão que reforçou e ampliou a atuação dessas entidades no contexto nacional". Atualmente, é possível encontrar entidades, públicas, privadas ou do terceiro setor, que atuam nesse sentido – por exemplo, Ação Social para a Igualdade das Diferenças (Asid), PCD.com.br, PCD Expert Assessoria, Lab Inclusão, para citar apenas algumas.

O art. 35 do Decreto n. 3.298/1999, que também considera horários flexíveis e adequação do ambiente de trabalho como condições facilitadoras da inserção da PcD no contexto organizacional, estabelece a colocação dos portadores de necessidades especiais por intermédio de instituições beneficentes (Maccali et al., 2015).

Ainda, a empresa pode incorporar em suas políticas internas normas, regras de conduta, sobre o tratamento a ser dispensado aos empregados portadores de deficiência, com o objetivo de coibir e reprimir qualquer tipo de discriminação, bem como as respectivas sanções pelo descumprimento dessas normas (Maccali et al., 2015).

Baxter (2003) defende que a comunicação, tanto interpessoal quanto por vídeo, pode ajudar a criar atitudes mais positivas em relação às PcDs, as quais parecem ser acompanhadas pela combinação de interação interpessoal e comunicação mediada. Essas práticas podem contribuir para gerar e manter um clima organizacional com menos estereótipos, barreiras sociais e atitudinais, contribuindo para a inclusão das PcDs (Maccali et al., 2015).

Na pesquisa conduzida pelo Instituto Ethos (2016c) sobre políticas ou ações afirmativas voltadas para PcDs nas 500 maiores empresas do Brasil, 93% das organizações informaram que implementam programas especiais para sua contratação. Quando questionadas sobre a existência de políticas para a promoção da igualdade de oportunidades para PcDs no quadro de funcionários, menos da metade – 43,10% – afirmou que sim. Quanto à concessão de programas de capacitação profissional para melhorar a qualificação de PcDs a fim de que assumam postos não ocupados tradicionalmente por elas ou cargos de maior nível hierárquico, cerca de 61% das empresas sinalizaram positivamente. Acerca do estabelecimento de metas e programas para a redução das desigualdades salariais entre pessoas com e sem deficiência, apenas 18,6% das empresas responderam afirmativamente.

3.3.1 Exemplos de práticas inclusivas de gestão de pessoas

Em 2019, a Great Place to Work (GPTW), consultoria global que apoia organizações em serviços diversos, ampliou suas pesquisas sobre práticas de gestão de pessoas e deu início a um estudo específico voltado para os portadores de necessidades especiais chamado "Destaque GPTW PCD", que, na edição de 2020, contou com a participação de 103 empresas. A seguir, constam algumas empresas e práticas que se destacaram nesse sentido.

Quadro 3.2 – Empresas e práticas de gestão de pessoas voltadas para PcDs

Empresas	Práticas de gestão
Cognizant Brasil	» **Legislação:** "Definiu objetivos para que a Cota (5%) fosse cumprida em 3 anos após o lançamento do [...] grupo de afinidade UNITE" (GPTW, 2020e). » **Recrutamento:** Realiza parcerias com organizações não governamentais (ONGs) e instituições para divulgação das vagas, bem como com entidades como Secretaria da Pessoa com Deficiência, Instituto Oportunidade Social (IOS), Laramara (ONG voltada a pessoas com deficiência visual) e Dorina (ONG voltada a pessoas com deficiência em geral). » **Contratação e desenvolvimento:** O Gen C Unite é um programa com foco na contratação e na capacitação de profissionais com deficiência para atuação em projetos específicos. » **Recompensa:** O Prêmio Amigo da Diversidade objetiva premiar, a cada 4 meses, o profissional de recrutamento e seleção que tiver realizado a contratação de mais PcDs.

(continua)

(Quadro 3.2 - conclusão)

Empresas	Práticas de gestão
Accenture	» **Recrutamento:** Oferece um bônus a todos os candidatos PcDs indicados por seus colaboradores e, por conseguinte, contratados por meio do Programa Referral. » **Contratação:** Firma parcerias com instituições especializadas e ONGs para viabilizar a contratação de PcDs, além disso criou o Núcleo de PcDs para discutir novas práticas e formas de recrutamento no mercado com foco nesse público. » **Movimentação de pessoal:** Realiza promoções de profissionais com deficiência em maior proporção (em 2019, foram promovidas 18% de PcDs × 16% sem deficiência).
BMS (Bristol Myers Squibb)	» **Treinamento:** Realiza programas com foco em diversidade e inclusão, como "'Apreciando Diferenças', 'Dimensões de Diversidade', 'Unconscious Bias' (Viés inconsciente) e 'Managing Inclusion' (Gerindo a inclusão)" (GPTW, 2020e). » **Recompensa e movimentação de pessoal:** Seus processos de promoção, aumentos e movimentações de pessoal são empreendidos com base em pesquisa de remuneração anual, a fim de evitar eventuais posturas enviesadas. » **Grupos específicos de trabalho:** Entre os People & Business Resource Groups (PBRG, em português, Grupos de Recursos Humanos e Empresariais), encontra-se a rede de trabalho para pessoas com necessidades especiais (Differently-Abled Workplace Network – Dawn), que visa contribuir para o desenvolvimento de uma cultura e um ambiente de trabalho que reconheçam a importância e o valor das PcDs.

Fonte: Elaborado com base em GPTW, 2020e.

As práticas descritas no quadro anterior exemplificam, principalmente, ações orientadas ao cumprimento de aspectos legais referentes à Lei de Cotas. Além disso, é possível perceber preocupações relacionadas à capacitação, tanto dos deficientes como dos demais colaboradores da empresa, à criação e ao fornecimento de redes de suporte que auxiliem a adaptação das PcDs e, ainda, ao sistema de recompensas, a fim de oferecer um pagamento "mais justo" e reais possibilidades de ascensão.

Outra organização destaque da pesquisa GPTW foi o banco Bradesco. A empresa, em 2020, venceu o Prêmio "Lugares Incríveis para Trabalhar" na categoria "Mais Incrível em Diversidade e Inclusão". Dentre as diversas ações inclusivas promovidas pela empresa, destaca-se a criação dos grupos de afinidade:

> ao longo dos anos, a empresa consolidou Grupos de Afinidade para cada um dos quatro pilares das políticas inclusivas: étnico-racial, gênero, sexualidade e PCDs. Esses grupos reúnem colaboradores voluntários e estão diretamente conectados com o Comitê de Sustentabilidade e Diversidade, do qual participam importantes executivos, como o Presidente e o Presidente do Conselho de Administração. (Lazaretti, 2020)

Destacam-se, ainda, sete mitos envolvidos na contratação de profissionais portadores de necessidades especiais. Você pode examiná-los em:

SANTANDER. **7 mitos sobre a contratação de pessoas com deficiência**. 17 nov. 2020. Disponível em: <https://santandernegocioseempresas.com.br/app/gestao-de-pessoas/contratacao-de-pessoas-com-deficiencia>. Acesso em: 11 maio 2021.

As informações indicadas pelo Santander como "mitos" problematizam vários argumentos muito comuns no discurso organizacional acerca das PcDs. Alguns deles já foram aqui apresentados e indicam a persistência de um olhar preconceituoso sobre esse público. A contribuição

> do banco torna-se, assim, exemplar, no sentido de desmistificar argumentos ainda hoje usados como justificativas por algumas organizações quanto a essa questão.
>
> Quer conhecer outras empresas e práticas relacionadas à inclusão de PcDs? Você pode acessar, no link a seguir, a íntegra da pesquisa do Great Place to Work voltada para esse público.
>
> GPTW – Great Place to Work. **Destaque GPTW PCD 2020**: confira o estudo das empresas premiadas. 14 dez. 2020. Disponível em: <https://gptw.com.br/conteudo/downloads/estudo-destaque-gptw-pcd-2020/>. Acesso em: 11 maio 2021.

Até aqui, expusemos casos de organizações de terceiro setor e privadas. É possível, contudo, encontrar exemplos no primeiro setor. No âmbito da Administração Pública, merece destaque a Escola Nacional de Administração Pública (Enap), que, por meio de seu Comitê de Inclusão de Pessoas com Deficiência, elaborou uma cartilha/programa para facilitar a inclusão dos portadores de necessidades especiais. O documento contém dicas importantes sobre como lidar com as PcDs, tendo em vista diversos tipos de deficiência. Elencamos, a seguir, as recomendações gerais sobre o tema.

» Não faça de conta que a deficiência não existe. Se você se relacionar com uma pessoa com deficiência como se ela não tivesse uma deficiência, você vai ignorar uma característica muito importante dela. Não subestime as possibilidades, nem superestime as dificuldades e vice-versa.

> » Todas as pessoas – com ou sem deficiência – têm o direito, podem, devem e querem tomar suas próprias decisões e assumir as responsabilidades por suas escolhas.
> » Ter uma deficiência não faz com que uma pessoa seja melhor ou pior. Provavelmente, por causa da deficiência, uma pessoa pode ter dificuldade para realizar algumas atividades mas, por outro lado, pode ter extrema habilidade para fazer outras. [...]
> » Sempre que quiser ajudar, pergunte a forma mais adequada para fazê-lo e não se ofenda se seu oferecimento for recusado, pois, às vezes, uma determinada atividade pode ser melhor desenvolvida sem assistência.
> » Se você não se sentir seguro para fazer alguma coisa solicitada por uma pessoa com deficiência, sinta-se à vontade para recusar. Neste caso, procure ou indique uma pessoa que possa ajudar.
> » Você não deve ter receio de fazer ou dizer alguma coisa errada. Aja sempre com naturalidade. Se ocorrer alguma situação inusitada, uma boa dose de delicadeza, sinceridade e bom humor nunca falham. (Enap, 2017, p. 28-29)

Como se sabe, quando uma organização começa a contratar PcDs, é importante que ela sensibilize os demais colaboradores sobre o assunto e forneça informações que viabilizem uma melhor recepção e tratamento desses novos profissionais, visto que adaptações serão necessárias, tanto em termos de comportamento como de aspectos técnicos. Nessa perspectiva, a referida cartilha indica também, por exemplo, a necessidade de legenda em vídeos institucionais ou de capacitação em função do público com deficiência auditiva. É algo muito simples, mas, se passar despercebido, pode impactar a inclusão do recém-contratado.

> Quer conhecer outras dicas relacionadas às particularidades de diversos tipos de deficiência? Indicamos a leitura da cartilha completa, que você pode acessar em:
>
> ENAP – Escola Nacional de Administração Pública. **Programa de Inclusão de Pessoas com Deficiência**. Brasília: Enap, 2017. Disponível em: <https://inclusao.enap.gov.br/wp-content/uploads/2018/04/Cartilha-Programa-de-Inclus%C3%A3o-de-Pessoas-com-Defici%C3%AAncia.pdf>. Acesso em: 11 maio 2021.

Ao longo deste capítulo, abordamos diversos aspectos e conceitos voltados para a inclusão de PcDs, como legislação, ODS da ONU e exemplos de empresas que já adotam práticas de gestão de pessoas com foco nesse público. Conhecemos, também, alguns materiais e dicas que podem ajudar no processo inclusivo.

Outra diversidade que deve ser considerada e gerida nas organizações é a relativa à faixa etária, conhecida como *diversidade geracional*. Você já ouviu falar? Vamos conhecer um pouco mais sobre o assunto no próximo capítulo.

4 Diversidade geracional

Outro tipo de diversidade que tem chamado a atenção é aquela que pode ser observada na composição etária do quadro de funcionários. Essa discussão tem ganhado cada vez mais espaço na mídia e nas organizações. Nesse sentido, a reincorporação de idosos ao mercado de trabalho tem significativa repercussão social, além de permitir aproveitar os conhecimentos que a experiência de trabalho e de vida proporcionam.

Conforme aponta uma pesquisa do Instituto Ethos (2000), as oportunidades de trabalho após os 40 anos, tradicionalmente, são menores. "A empresa de consultoria Catho, que atua no ramo de empregos e colocação de executivos, realizou pesquisa com 7.002 executivos e encontrou apenas 15% dos cargos de gerência e 6,4% dos cargos de supervisor ocupados por pessoas com idade acima de cinquenta anos" (Instituto Ethos, 2000, p. 60).

4.1 Diversidade geracional e seus impactos nas organizações

Você tem tido dificuldade ou facilidade para encontrar um estágio ou uma primeira oportunidade de trabalho? Se você tem mais de 40 anos, a pergunta também é válida! Sabia que o conceito de **diversidade geracional** pode te ajudar a compreender a dinâmica do mercado de trabalho no que se refere à questão etária?

Primeiramente, é preciso definir *geração*. Trata-se de um período de cerca de 20 anos que serve como marco para separar gerações diferentes. É a partir da idade de 20 anos que os jovens começam a atuar de forma mais significativa na sociedade, fazendo as primeiras escolhas profissionais, adotando posições políticas e ingressando no mercado de trabalho (Ferreira, 2014). Assim, **diversidade geracional** se refere ao fato de a organização apresentar, em seu quadro de funcionários, pessoas de diversas idades, ou seja, pertencentes a gerações distintas.

Segundo as teorias sobre gerações, pessoas nascidas num mesmo período compartilham experiências de vida históricas e sociais que podem afetar, de forma similar, seu padrão de resposta a situações e instituições – como seus valores e suas crenças, sua ética e seu comportamento no ambiente laboral, as razões pelas quais trabalham, seus objetivos e suas aspirações na vida profissional (Smola; Sutton, 2002). Lemos (2012) argumenta que não se pode generalizar as características das gerações nem "enquadrá-las" em função de idades.

Embora muito se tenha a discutir sobre o tema, pesquisadores concordam que existem quatro gerações atualmente coexistindo no ambiente de trabalho, conforme demonstra a figura a seguir.

Figura 4.1 – Distribuição das gerações ao longo do tempo

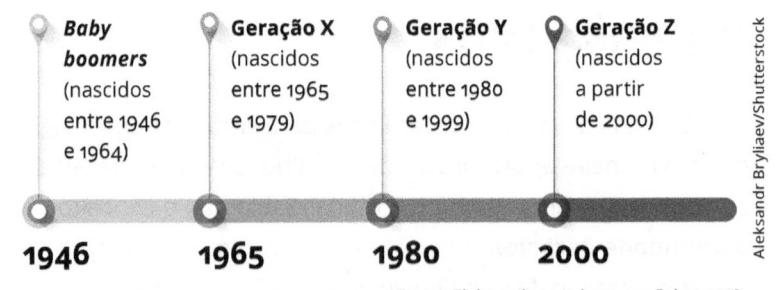

Baby boomers (nascidos entre 1946 e 1964)	Geração X (nascidos entre 1965 e 1979)	Geração Y (nascidos entre 1980 e 1999)	Geração Z (nascidos a partir de 2000)
1946	1965	1980	2000

Fonte: Elaborado com base em Sales, 2018.

É pertinente destacar que essa divisão geracional serve apenas como diretriz ou parâmetro para a realização de pesquisas. Ainda que se apresente de forma conjunta as características atribuídas a cada geração, não necessariamente elas são compartilhadas entre todos os nascidos no mesmo período. O importante é encontrar os pontos de convergência, ou seja, trabalhar no sentido da complementaridade, identificar os potenciais e as contribuições de cada geração e, então, estudar e criar estratégias para um convívio harmônico multigeracional (Lemos, 2012).

As relações de trabalho têm mudado bastante nos últimos tempos. As gerações X e Y já exigem que seus empregadores tenham uma nova visão das relações trabalhistas e dos locais de trabalho. "Embora o ambiente tradicional propicie maior contato e interação física entre as pessoas, as gerações X e Y tendem a rejeitá-lo, por evidenciar relações hierárquicas, formalidade e burocracia" (Boucinhas, 2012). Esses novos trabalhadores privilegiam a informalidade e estruturas mais flexíveis, bem como demandam uma maior disponibilidade e sofisticação de recursos tecnológicos. Aceitam e preferem relacionamentos mais virtuais e focam resultados, apreciando a autonomia na gestão de seu tempo (Boucinhas, 2012).

Percebe-se que não é tarefa fácil integrar, no quadro funcional, colaboradores com desejos e formas de trabalho tão diferentes. Os desafios enfrentados pelas organizações, hoje em dia, são muitos e, com certeza, adaptar sua arquitetura e seus processos de forma a contemplar diversas gerações é o mais complexo. Isso porque, enquanto os "X" preferem liberdade de decisão, individualidade e equilíbrio entre trabalho e vida pessoal, os "Y" valorizam a informalidade, os desafios e a atuação em causas socialmente responsáveis (Boucinhas, 2012).

O ambiente de trabalho das empresas é composto por pessoas de várias raças, crenças, nacionalidades, gêneros e gerações. Os primeiros estudos sobre diversidade geracional foram realizados nos Estados Unidos no final da década de 1980 (Klaffke, 2014) e evidenciaram que diferentes gerações conviviam no ambiente organizacional – na época, as gerações veteranas, *baby boomer* e X. Na contemporaneidade, a grande maioria dos veteranos já se aposentou e mais uma geração integrou os grupos de trabalho: a geração Z.

Além de nascerem e crescerem em períodos diferentes, essas gerações evidenciam anseios pessoais e profissionais fortemente influenciados por fatos históricos e também pela educação que receberam de seus pais e educadores. Logo, o jeito de viver de um *baby boomer* difere da maneira de conduzir a vida das outras gerações – X e Y –, e vice-versa.

O convívio de gerações distintas no ambiente de trabalho tem provocado conflitos, fruto de expectativas diferentes em termos pessoais e profissionais e da forma de trabalhar de cada geração, especialmente após a inserção da geração Y no mercado de trabalho, a qual, no entendimento de Tapscott (2010, p. 185), tem provocado um choque entre "ideias de trabalho".

Nesse sentido, atrair e reter profissionais de gerações tão distintas, assim como manter um clima organizacional adequado a seus talentos, representa grande desafio para os profissionais que atuam na gestão de pessoas. É necessário alcançar o equilíbrio entre as expectativas dos colaboradores e as dos empregadores por meio de ações que valorizem o profissional, de um lado, e os resultados financeiros, de outro.

Você já sabe a qual geração pertence? Antes de prosseguirmos, vale destacar que os autores divergem quanto ao período de surgimento de cada geração, mas suas características não mudam significativamente (Ferreira, 2014). Vamos iniciar com a geração mais velha nessa escala: os *baby boomers*.

4.1.1 *Baby boomers*

Os *baby boomers* são assim chamados devido ao aumento no número de nascimentos registrados nesse período, consequência da felicidade causada pelo final da Segunda Guerra Mundial e pelo cenário positivo subsequente. A sociedade estava sendo reconstruída, e as crianças nascidas durante esses anos puderam desfrutar de condições melhores do que as experimentadas pelos seus pais. Nesse cenário, a educação dos jovens foi marcada por uma disciplina rígida, visto que, desde cedo, eram ensinados o respeito e a necessidade de comportamento em conformidade com valores de ordem, obediência e disciplina, tanto na vida familiar quanto na profissional.

Os ideais e valores impostos pelos pais e demais autoridades criaram uma situação insustentável para uma juventude que já não estava mais interessada em acatar ordens, respeitar as regras e aceitar a atitude submissa que lhes foi impingida durante a infância. A rebeldia, portanto, foi uma característica desses jovens.

No âmbito profissional, essa geração desenvolveu uma forte expectativa por gratificação e crescimento. Apesar da desconfiança nas autoridades, trata-se de uma geração que valorizava a realização pessoal, o sucesso material e o reconhecimento social; orientada pelo pragmatismo, enxergava as organizações como veículos para suas carreiras pessoais. A fidelidade à empresa, muito presente na geração anterior, deixou de existir, o que representou uma grande mudança de paradigma. Ademais, os *baby boomers* cresceram em um mundo com telefone fixo, memorandos e reuniões como base da comunicação organizacional.

4.1.2 Geração X

A geração X, por sua vez, nasceu e amadureceu em uma época de revoluções sociais, marcada pela Guerra do Vietnã, por escândalos políticos e pelo assassinato de diversos líderes políticos importantes, como John e Bob Kennedy, Martin Luther King e Malcom

X, cujo nome foi utilizado para batizar esse grupo. Movimentos *hippies* e rebeliões estudantis eram frequentes nos cenários nacional e internacional da época. A música mudou, as roupas tornaram-se mais coloridas e extravagantes, os cabelos mais compridos e as experiências mais intensas. Enfim, tudo o que tivesse caráter convencional e padronizado deixou de ser aceito.

No Brasil, esse período ficou marcado por revoluções políticas violentas, com perseguição e tortura daqueles que contestavam as ordens e as decisões impostas pelo governo. Muitos dos jovens dessa geração não se identificavam com a agressividade proposta pelos movimentos políticos revolucionários e adotavam uma postura mais passiva, evitando o envolvimento em qualquer tipo de manifestação social. Outros empregavam na música ritmos irreverentes e até agressivos a fim de expressar suas opiniões, seus valores e suas posições políticas. Foi a partir dessa geração que a música/canção assumiu um papel fundamental na comunicação e na identificação dos jovens, resultando em agrupamentos de acordo com o estilo musical preferido.

O surgimento da televisão não foi menos marcante. A nova tecnologia afetou o cotidiano e os relacionamentos, moldando comportamentos e rotinas com base nos horários da programação das emissoras. Isso viabilizou compartilhar eventos e marcos culturais com todas as pessoas de um mesmo grupo de idade, independentemente de onde estivessem, possibilitando a construção de um forte vínculo entre elas e, principalmente, entre a juventude.

No âmbito profissional, os sujeitos da geração X são mais cuidadosos em suas escolhas, se comparados à geração anterior, optando por não expor suas opiniões caso representem risco à sua estabilidade. Tendem a considerar vulnerável todo tipo de liderança, pois foram criados em um ambiente cujos pais agiam com ceticismo quanto às autoridades e ao governo. Além disso, valorizam alguma flexibilidade no trabalho, um estilo de vida mais equilibrado e a satisfação profissional.

Para a geração X, o dinheiro significa um indicador da qualidade do desempenho profissional, mas a família permanece sendo muito importante. Assim, essa geração está disposta a trocar aumentos salariais, títulos e promoções pelo conforto de uma vida mais equilibrada, com mais opções e tempo para o lazer. À medida que a geração X foi crescendo, o computador pessoal se transformou em item cada vez mais presente em residências e empresas. Esse grupo viu o telefone fixo ser substituído pelo móvel (celular) e a comunicação por *e-mail* e por mensagens instantâneas integrar seu dia a dia.

4.1.3 Geração Y

A geração Y, que sucedeu a X, apresenta uma série de características distintivas e marcantes. É também conhecida como a *geração da tecnologia* ou a *geração da internet*. Tendo sido criadas em um cenário de estabilidade política e econômica, as crianças dessa geração nasceram em estruturas familiares mais flexíveis. Assim, ter pais separados deixou de ser uma raridade para se tornar uma realidade comum.

As mulheres, que no passado estavam restritas ao domínio do lar, reivindicaram seu lugar no mercado de trabalho e conquistaram sua independência financeira; a figura materna, desse modo, esteve mais ausente do dia a dia das crianças. Como consequência, os pais procuraram compensar essa ausência mútua oferecendo aos filhos apoio, força, proteção e instrumentos educacionais que os levassem a se tornar mais competitivos no futuro. Assim, os integrantes dessa geração receberam cuidados, estímulos e informações direcionados à obtenção de qualificação educacional de alto nível. A ausência dos pais era, muitas vezes, compensada por um excesso de "mimos".

A tecnologia teve grande influência na formação desses sujeitos, pois, durante seu crescimento e amadurecimento, houve um avanço tecnológico mais acentuado que nos anos anteriores, com a emergência de novas formas de entretenimento, como o *videogame* e os primeiros computadores pessoais. Esses instrumentos, por sua vez, transformaram completamente o cenário evolutivo dos jovens da geração Y. Com a popularização da internet, a comunicação se tornou instantânea e sem fronteiras e a informação, irrestrita e ilimitada, saciando a fome de conhecimento, uma das características mais evidentes dessa geração.

Os integrantes da geração Y demonstram confiança em si, não têm medo de se arriscar para alcançar seus objetivos ou de mostrar o que estão pensando, ou seja, dispõem de iniciativa. Ainda, apresentam facilidade para pedir ajuda e orientação e trabalham orientados por expectativas claras e definidas. Além disso, a competição os estimula, o que não impede que trabalhem bem em equipe, assim como valorizam a integração entre as vidas profissional e pessoal e os relacionamentos no trabalho, a autorrealização e o sucesso profissional, focando na carreira desejada em detrimento da carreira atual. Nesse sentido, prezam pouco (ou nada) a fidelidade organizacional, o que causa um alto nível de rotatividade nas empresas.

Devido ao contexto histórico de grandes avanços tecnológicos em que os jovens Y foram educados, desenvolveram a capacidade de lidar com novas tecnologias, estando aptos a utilizar várias ferramentas de comunicação ao mesmo tempo. Eles tendem a preferir a comunicação digital, mais informal, em detrimento da pessoal, o que, por vezes, dificulta o relacionamento interpessoal.

Em razão da superproteção a que foram submetidos, os jovens da geração Y ostentam uma autoestima inflada, o que, muitas vezes, faz com que se sintam mais capazes do que realmente são e que tenham dificuldade de aceitar críticas e assumir a responsabilidade por seus erros e suas fraquezas. Esses sujeitos necessitam receber reconhecimento externo e gratificação instantânea, buscam recompensas tangíveis, esperam *feedback* imediato e exigem reconhecimento pelo bom trabalho após cada pequena conquista; caso contrário, muitas vezes, sentem-se inseguros e frustrados, o que afeta diretamente sua produtividade.

Os jovens da geração Y conseguem resolver várias tarefas ao mesmo tempo, podendo trabalhar em mais de um projeto, conversar com colegas, responder a mensagens, visualizar notícias, ouvir músicas e ainda dar atenção às redes sociais. Estas são as principais características dessa geração: conectividade e busca constantes por novas tecnologias, por informação imediata e por sentido e flexibilidade no trabalho.

4.1.4 Geração Z

A geração com os integrantes mais jovens é a Z, que é composta pelas pessoas que nasceram depois do surgimento da internet. Desde pequenos, seus integrantes já têm familiaridade com as inúmeras possibilidades da era tecnológica. Assim, desconhecem o mundo sem a presença de computadores, *tablets* e celulares, lidando facilmente com esses dispositivos. Quando o assunto é carreira, são desconfiados e não se atraem por exercer apenas uma função pelo resto da vida. Atualmente, estão iniciando sua entrada no mercado de trabalho, mas já se espera dessa geração uma produção atrelada à velocidade da tecnologia. Estas são as principais características da geração Z: responsabilidade social, ansiedade, desapego das fronteiras geográficas e necessidade de exposição de opinião.

Essa geração se expressa por meio de *meme* e GIF animado, assim como por mensagens de voz. *Meme* é uma ideia, um conceito, um som ou qualquer outra informação que pode ser transmitido rapidamente. O termo tem relação com brincadeiras e piadas em desenhos, fotos ou vídeos que se propagam com uma grande velocidade na rede e conquistam o gosto popular. Já o GIF animado é composto por várias imagens do formato GIF (do inglês *Graphics Interchange Format*) compactadas em um só arquivo, o que fornece à imagem um tipo de movimento, sendo usada como *emoticon* em mensagens instantâneas e para ilustrar *sites* na internet. Trata-se, assim, de uma geração que está entrando no mercado de trabalho e rearranjando-o de acordo com suas características.

> A qual geração você pertence? Consegue se identificar com as principais características atribuídas a sua geração? Pode verificar o mesmo em relação a seus pais ou outras pessoas mais velhas que fazem parte da sua vida?

Pessoas com idades diferentes, anseios, expectativas e características diversas compartilhando um mesmo ambiente de trabalho configuram uma realidade cheia de potencialidades e desafios, que podem ser mais bem geridos por uma área de recursos humanos (RH) com atividades direcionadas aos diversos públicos etários de uma organização, conforme veremos na sequência.

4.2 Gestão de RH na diversidade geracional

A manutenção de uma diversidade geracional – ou seja, a organização apresentar, em seu quadro de funcionários, pessoas de faixas etárias distintas, pertencentes às diferentes gerações –, depende da atuação da área de recursos humanos (RH), pois são frequentes, no âmbito empresarial, preconceitos, muitas vezes velados, em relação à idade, tanto por parte dos profissionais mais jovens quanto dos mais velhos.

Nesse sentido, a área de RH desempenha um papel fundamental na sensibilização de gestores e de todo o quadro de empregados sobre a importância da diversidade etária nesse contexto. Esse ponto pode ser mais facilmente compreendido quando lembramos que todos nós, um dia, precisamos ou precisaremos de uma oportunidade de aprendizado e desenvolvimento na prática dos conhecimentos adquiridos nas instituições de ensino. O mesmo pode ser dito sobre a necessidade de emprego quando formos mais velhos.

De acordo com Pati (2020), "a dificuldade de encontrar trabalho, realidade para 12,6 milhões de brasileiros, atinge em cheio quem está começando a carreira e, portanto, ainda não tem experiência para comprovar". Contudo, 27,3% dos desocupados no mercado de trabalho têm mais de 40 anos e relatam buscar algum emprego, sem sucesso, há pelo menos dois anos (Pati, 2020).

Existe uma série de programas – alguns deles ações afirmativas – que podem ser conduzidos pelo RH no sentido de incentivar a diversidade etária na organização. Vamos detalhá-los na sequência.

4.2.1 Menor aprendiz

A Lei n. 10.097, de 19 de dezembro de 2000 (Brasil, 2000a), também conhecida como *Lei de Aprendizagem*, estabelece que empresas de médio e grande porte devem contratar jovens com idade entre 14 e 24 anos como aprendizes, visando sua capacitação teórica e prática na organização. O contrato de trabalho pode durar até dois anos e os jovens precisam estar cursando o ensino fundamental ou médio. A jornada de trabalho máxima é de 6 horas diárias, admitindo-se até 8 horas caso o ensino fundamental já esteja completo. A ideia da lei é proporcionar uma oportunidade de inclusão social, mas também **desenvolver competências para o mundo do trabalho** (Sinait, 2019).

O contrato de aprendizagem precisa ser registrado na Carteira de Trabalho e Previdência Social (CTPS) e ser remunerado com, pelo menos, um salário mínimo. Prevê, ainda, que todos os direitos trabalhistas e previdenciários sejam garantidos. O aprendiz tem direito a 13º salário e a todos os benefícios concedidos aos demais empregados, sendo que as férias devem coincidir com o período de férias escolares, sendo necessário que sejam gozadas de uma vez só, ou seja, não podem ser divididas (Sinait, 2019). Conforme determina o art. 429 da Consolidação das Leis do Trabalho (CLT), as organizações são obrigadas a contratar e matricular aprendizes nos cursos de aprendizagem, no percentual mínimo de 5% e máximo de 15%, das funções que exijam formação profissional (Sinait, 2019).

O CIEE (2021) destaca a existência de incentivos fiscais e tributários para que as organizações contratem um menor aprendiz, quais sejam:

» Apenas 2% de FGTS (alíquota 75% inferior à contribuição normal)
» Empresas registradas no "Simples", que optarem por participar do programa de aprendizagem, não tem acréscimo na contribuição previdenciária

» Dispensa de Aviso Prévio remunerado
» Isenção de multa rescisória

> Para conhecer as minúcias da Lei da Aprendizagem, indicamos a leitura do *Manual de aprendizagem profissional*.
> SINAIT – Sindicato Nacional dos Auditores Fiscais do Trabalho.
> **Manual de aprendizagem profissional**: o que é preciso saber para contratar o aprendiz. Brasília: Sinait, 2019. Disponível em: <https://www.gov.br/trabalho/pt-br/inspecao/areas-de-atuacao/manual-da-aprendizagem-2019.pdf>. Acesso em: 11 maio 2021.

Outra lei que permite a inserção de estudantes no mercado de trabalho é a que regulamenta o estágio, sobre a qual versaremos na sequência.

4.2.2 Estagiário

O estágio é regido pela chamada *Lei do Estágio* – Lei n. 11.788, de 25 de setembro de 2008 –, que estabelece:

> Art. 1º Estágio é ato educativo escolar supervisionado, desenvolvido no ambiente de trabalho, que visa à preparação para o trabalho produtivo de educandos que estejam frequentando o ensino regular em instituições de educação superior, de educação profissional, de ensino médio, da educação especial e dos anos finais do ensino fundamental, na modalidade profissional da educação de jovens e adultos.

§ 1º O estágio faz parte do projeto pedagógico do curso, além de integrar o itinerário formativo do educando.

§ 2º O estágio visa ao aprendizado de competências próprias da atividade profissional e à contextualização curricular, objetivando o desenvolvimento do educando para a vida cidadã e para o trabalho.

Art. 2º O estágio poderá ser obrigatório ou não obrigatório, conforme determinação das diretrizes curriculares da etapa, modalidade e área de ensino e do projeto pedagógico do curso. (Brasil, 2008)

O estágio é obrigatório quando necessário para aprovação e obtenção de diploma e não cria vínculo empregatício de qualquer natureza, desde que:

» exista "compatibilidade entre as atividades desenvolvidas no estágio e aquelas previstas no termo de compromisso" (Brasil, 2008), ou seja, no contrato de estágio.

» haja a celebração de contrato de estágio "entre o educando, a parte concedente do estágio e a instituição de ensino" (Brasil, 2008).

» o estagiário esteja matriculado e frequente, de forma regular, em curso superior, "de educação profissional, de ensino médio, da educação especial e nos anos finais do ensino fundamental, na modalidade profissional da educação de jovens e adultos e atestados pela instituição de ensino" (Brasil, 2008).

No que se refere à carga horária do estágio, de acordo com o art. 10º da Lei n. 11.788/2008, não deve ultrapassar:

I. 4 (quatro) horas diárias e 20 (vinte) horas semanais, no caso de estudantes de educação especial e dos anos finais do ensino fundamental, na modalidade profissional de educação de jovens e adultos;

II. 6 (seis) horas diárias e 30 (trinta) horas semanais, no caso de estudantes do ensino superior, da educação profissional de nível médio e do ensino médio regular.

Quanto à duração, a Lei n. 11.788/2008 define que o estágio em uma mesma organização não pode durar mais que dois anos (a única exceção é para estagiários portadores de deficiência). Ainda, o estagiário pode receber bolsa (um tipo de remuneração) ou outra forma de contraprestação acordada. Caso seja um estágio não obrigatório, a bolsa-auxílio tem de ser concedida, assim como auxílio-transporte.

A Lei do Estágio prevê que o estagiário tem direito, quando o período de sua contratação for igual ou superior a um ano, a "recesso de 30 (trinta) dias, a ser gozado preferencialmente durante suas férias escolares", que será remunerado "quando o estagiário receber bolsa ou outra forma de contraprestação" (Brasil, 2008). Caso o estágio tenha duração inferior a um ano, os dias de recesso devem ser concedidos proporcionalmente.

No que se refere ao número máximo de estagiários no quadro de pessoal, este deve obedecer às proporções elencadas na tabela a seguir.

Tabela 4.1 – Proporção de estagiários segundo o efetivo total da organização

Quantidade de empregados	Quantidade de estagiários
de 1 a 5	1
de 6 a 10	2
de 11 a 25	até 5
acima de 25	até 20%

Fonte: Elaborado com base em Brasil, 2008.

> Quer saber mais sobre a Lei do Estágio? Consulte a cartilha ou a própria lei nos *links* adiante:
>
> BRASIL. Ministério do Trabalho e Emprego. **Nova cartilha esclarecedora sobre a Lei do Estágio**: Lei 11.788, de 25 de setembro de 2008. Brasília: MTE, 2008. Disponível em: <https://www.confef.org.br/arquivos/cartilha-mte-estagio.pdf>. Acesso em: 11 maio 2021.
>
> BRASIL. Lei n. 11.788, de 25 de setembro de 2008. **Diário Oficial da União**, Poder Legislativo, Brasília, DF, 26 set. 2008. Disponível em: <http://www.planalto.gov.br/ccivil_03/_ato2007-2010/2008/lei/l11788.htm>. Acesso em: 7 jul. 2020.

A área de RH também pode e deve promover ações visando à inserção de profissionais mais maduros nos quadros da organização. Na sequência, veremos algumas formas de isso ser efetivado.

4.2.3 Trabalhadores com mais de 50 anos

Você já ouviu falar sobre aposentadoria, INSS (Instituto Nacional de Seguridade Social), Previdência ou Reforma da Previdência? Depois da Reforma da Previdência, os trabalhadores que atuam nas cidades só podem se aposentar a partir dos 62 anos para mulheres e 65 anos para homens. As mulheres têm de contribuir por, no mínimo, 15 anos. Os homens que já contribuem para o INSS também têm de comprovar 15 anos de contribuição, mas os que ainda não entraram no mercado de trabalho precisam contribuir por, pelo menos, 20 anos para conquistar a aposentadoria.

Diante dessa nova realidade, é importante que a área de RH atue no sentido não só de incluir, mas também de manter profissionais com mais de 50 anos em seus quadros.

É cada vez maior a quantidade de empresas que implementam programas específicos para a contratação de profissionais mais experientes, seja por meio da abertura de estágios específicos, seja pela oferta de vagas acima de determinada carga horária. Vejamos alguns exemplos.

> O programa Senhor Estagiário da Unilever segue as mesmas premissas de um programa de estágio tradicional só que com o público-alvo veterano. "[...] O principal foco do programa é a inserção de pessoas com mais de 50 anos que voltaram a estudar em busca de novas oportunidades", diz Rodrigueiro. O processo seletivo não requer experiência profissional anterior, como acontece com programas de estágio tradicionais. [...]
>
> Empregando mais de 1,8 mil funcionários com mais de 50 anos, a Gol lançou em 2017 o programa "Experiência na Bagagem" para recrutar profissionais 50+ para todas as vagas na empresa. [...]
>
> O projeto 50+ da Vivo tem estimulado a contratação em lojas da operadora de pessoas nessa faixa etária. (Pati, 2020)

Agora, faça uma busca na internet e tente identificar programas empresariais voltados aos profissionais com mais de 40 anos. Vamos ver quantos você encontra!

4.3 Indicadores e práticas de RH na diversidade geracional

Segundo o Instituto Ethos (2016c), na pesquisa social, racial e de gênero das 500 maiores empresas do Brasil, a maioria das participantes – aproximadamente 91% – não adota medidas para incentivar a presença, em seus quadros de funcionários, de pessoas com mais de 45 anos, mesmo considerando os quatro níveis hierárquico elencados no estudo: executivo, gerência, supervisão e quadro funcional. Tomando por base apenas as empresas com medidas para incentivar a presença de profissionais com mais de 45 anos, o gráfico a seguir indica o tipo de política instaurada, resumindo os principais dados da referida pesquisa.

Gráfico 4.1 – Práticas de gestão de pessoas voltadas para profissionais com mais de 45 anos

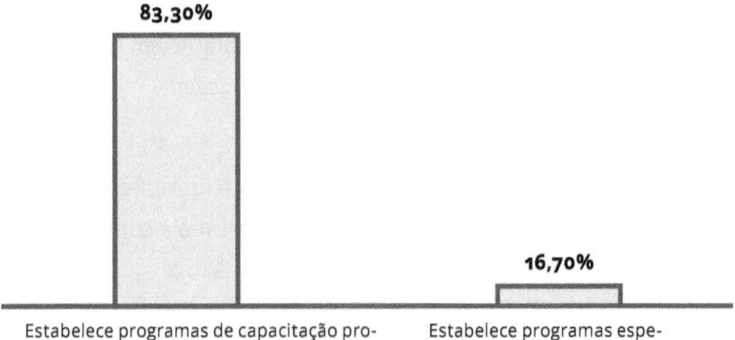

83,30% – Estabelece programas de capacitação profissional que visem melhorar a qualificação de pessoas com mais de 45 anos para postos não ocupados tradicionalmente por elas ou postos de maior nível hierárquico

16,70% – Estabelece programas especiais para a contratação de pessoas com mais de 45 anos

Fonte: Elaborado com base em Instituto Ethos, 2016c.

Recentemente, a Great Place to Work (2020a) ampliou suas pesquisas sobre práticas de gestão de pessoas e, agora, elabora um *ranking* que tematiza os profissionais com mais de 50 anos, chamado "Melhores Empresas GPTW 50+". Dentre os resultados da pesquisa de 2020, destacam-se algumas informações quantitativas interessantes, que estão compiladas na tabela adiante.

Tabela 4.2 – Alguns indicadores quantitativos 50+

Indicador	Percentual
Empregados com 50 ou mais de 50 anos	9%
Novas contratações 55+	2%
Representatividade dos 50+ no conselho de administração	33%
Rotatividade (iniciativa do empregado)	5%

Fonte: Elaborado com base em GPTW, 2020a.

Pode-se perceber que os percentuais de contratação e de inserção nas empresas dos profissionais com 50 anos ou mais ainda são relativamente baixos. Em contrapartida, verifica-se uma representatividade significativa dessa faixa etária no conselho de administração, no qual a experiência é um ponto bastante relevante.

O que podemos inferir, tendo em vista os dados da tabela, é que talvez grande parte das empresas participantes do estudo (um total de 54) ainda esteja em busca de um modelo de gestão etária mais eficiente, em que são necessárias políticas e práticas específicas de GP, com foco em atração (recrutamento e seleção) e manutenção (reconhecimento das causas dos desligamentos voluntários, por exemplo), a fim de proporcionar uma melhor diversidade geracional (GPTW, 2020a).

Algumas empresas e práticas que se destacaram na pesquisa citada seguem brevemente descritas na sequência.

Quadro 4.1 – Empresas e práticas de gestão de pessoas que focam os profissionais com mais de 50 anos

Empresas	Práticas de gestão
Cisco	» **Recrutamento**: • Diverse Talent Accelerators (DTA): atrai e contrata talentos diversos por meio do mapeamento do mercado de trabalho e de pesquisas que objetivam alcançar candidatos com diferentes níveis de experiência. • Smart Tools: possibilita a divulgação das vagas com uma linguagem inclusiva, sem preconceitos, permitindo o alcance de um maior número de candidatos. » **Seleção**: processo de entrevistas conduzido por um "painel diverso de entrevistadores" com perguntas focadas apenas nos requisitos necessários para o preenchimento das vagas. Os entrevistadores são orientados a não fazer perguntas que abordem temas como idade, nacionalidade, estado civil, sexo ou qualquer aspecto que possa caracterizar algum tipo de discriminação.
Takeda	» **Comitê de Diversidade e Inclusão Etário**: promove palestras e *workshops* para disseminar a importância e a necessidade da convivência e da aceitação de colegas de trabalho de diferentes faixas etárias. Aborda temas como a longevidade e a necessidade de atuação de pessoas mais velhas no mercado de trabalho. » **Programa Estágio 55+**: voltado para candidatos dessa faixa etária que são universitários e desejam ingressar ou reingressar no mercado de trabalho.
Sabin Medicina Diagnóstica	» **Plano de Preparação para Aposentadoria (PPA SABIN)**: por meio de conversas, *workshops* e cartilhas, os profissionais são orientados a se preparar para a aposentadoria mediante temas como educação financeira, saúde física, mental e emocional.

Fonte: Elaborado com base em GPTW, 2020a.

Considerando-se o exposto, podem ser percebidas práticas diversas, desde a preocupação com a atração de profissionais mais experientes, passando pela necessidade de sensibilização e capacitação do quadro de colaboradores, até a realização de programas voltados para a aposentadoria, isso porque, muitas vezes, surge uma sensação de "perda" de algo importante, pois, na sociedade contemporânea, quem se é tem grande ligação com o que se faz, ou seja, com a atividade laboral.

> Quer conhecer outras empresas e práticas de gestão com foco no público 50+? Acesse a íntegra da pesquisa em:
>
> GPTW – Great Place to Work. **Melhores Empresas GPTW 50+ 2020**. 2020. Disponível em: <https://d335luupugsy2.cloudfront.net/cms%2Ffiles%2F2705%2F1598548172GPTW_CONT_EstudoLista50_2020_v1.pdf>. Acesso em: 11 maio 2021.
>
> Agora, já pensou sobre sua aposentadoria? Que tal tentar entender um pouco mais sobre o assunto e descobrir quanto tempo terá de trabalhar para receber o benefício? Compreenda melhor as regras por idade e por tempo de contribuição no *link*:
>
> KAORU, T. Está planejando a aposentadoria do INSS? Veja quais são as regras em 2021. **CNN Brasil Business**, 1º jan. 2021. Disponível em: <https://www.cnnbrasil.com.br/business/2021/01/01/esta-planejando-a-aposentadoria-do-inss-veja-quais-sao-as-regras-em-2021>. Acesso em: 11 maio 2021.

Finda a leitura deste capítulo, é concludente a importância da adoção de ações voltadas para a promoção da diversidade geracional. Tanto os mais jovens como os mais velhos enfrentam dificuldades para adentrar no mercado de trabalho, muitas vezes devido a preconceitos relativos a aspectos como idade e experiência.

O envelhecimento da população é um tema que tem sido bastante discutido, mas cabe refletir sobre os estereótipos arraigados no mercado de trabalho quanto aos diferentes grupos etários. A promoção da diversidade e da inclusão passa, necessariamente, pelo respeito e pela aceitação dos integrantes de todas as gerações.

Outro tipo de diversidade que tem sido investigada e implantada nas organizações é a diversidade de gênero. Já ouviu falar? Vamos aprender um pouco mais sobre o assunto no próximo capítulo.

5 Diversidade de gênero

Para você, homens e mulheres possuem condições igualitárias de acesso às oportunidades de emprego e de ascensão profissional? Neste capítulo, vamos promover reflexões atuais e relevantes sobre esse tema.

A palavra *gênero* foi empregada na década de 1970 por diversos autores para "descrever aquelas características de mulheres e homens que são **socialmente** determinadas, em contraste com aquelas que são **biologicamente** determinadas" (OIT, 2010, p. 86, grifo do original). Trata-se de um conceito que pode ter significados diferentes, contemplando aspectos como raça, cultura e classe. Refere-se "às formas como as pessoas de diferentes culturas constroem os papéis masculinos e femininos. Os comportamentos e papéis de gênero, portanto, variam de acordo com o tempo e com as condições sócio-históricas" (OIT, 2010, p. 86).

De acordo com a Organização Internacional do Trabalho (OIT, 2010, p. 86), o conceito de gênero

> enfatiza que tudo o que homens e mulheres fazem, tudo o que deles e delas se espera – com exceção das funções sexualmente distintas relacionadas ao sexo (gestação, parto, amamentação, fecundação) – pode mudar, e muda, ao longo do tempo e de acordo com a transformação e variação de fatores socioculturais (Oakley, 1999, p. 9). A partir daí, é possível fazer uma distinção: de um lado, existem as diferenças biológicas entre homens e mulheres, e, de outro, as desigualdades socioculturais produzidas entre eles.

Considerando-se o exposto, fica, talvez, mais fácil compreender as questões de gênero. O termo diz respeito aos atributos – positivos ou negativos – que determinam os papéis, as relações e as funções desempenhadas por homens e mulheres na sociedade. Assim, quando falamos sobre *diversidade de gênero*, abordamos, segundo o Instituto Ethos (2000):

» maior equilíbrio na proporção entre profissionais homens e mulheres nas organizações.
» revisão dos pressupostos ligados ao sexo do ocupante de determinados cargos.

> Você consegue se lembrar de algum exemplo de cargo majoritariamente "masculino" ou "feminino"? Quantas mulheres você já viu dirigindo caminhão ou ônibus? E homens atuando na função de empregado doméstico? Será que um homem que atua como secretário executivo sofre algum tipo de preconceito/assédio? Você relaciona alguma questão de gênero com a ocupação desses postos de trabalho? Percebe a existência de algum estereótipo?

Se, no passado, existiam profissões "masculinas" e "femininas", muitas vezes devido à força física requerida pela atividade, hoje em dia, é essencial reconhecer que uma "mudança no perfil de gênero de funções tidas como masculinas ou femininas pode ser facilitada pela incorporação de tecnologia e de novos métodos de trabalho" (Instituto Ethos, 2000, p. 58). Atualmente, as máquinas dominaram boa parte das atividades mais manuais e físicas, cabendo ao ocupante do cargo a operação do equipamento.

No século XX, as mulheres conquistaram o direito ao voto e à inserção no mercado de trabalho. Desde lá, vêm se profissionalizando e ocupando espaços profissionais, sociais, culturais e políticos tradicionalmente restritos a homens. Contudo, a figura feminina ainda é, muitas vezes, alvo de discriminações no mercado de trabalho, com salários menores que os dos homens, normalmente subjugada e alvo de piadas machistas. Com frequência, muitas mulheres incorporam um modelo mais masculino a fim de obter respeito e conquistar seu espaço no ambiente de trabalho (Lima; Lima; Tanure, 2009). Essa masculinização pode ser explicada pelo desejo de ascender na carreira e sofrer menos preconceito.

Vamos entender melhor, na sequência, a posição que a mulher tem ocupado na sociedade e no mercado de trabalho ao longo do tempo.

5.1 A posição da mulher no mercado de trabalho: breve histórico

A composição do mercado de trabalho por gênero está atrelada, historicamente, à posição da mulher na sociedade. Desde o início da história, o sexo masculino é o dominante. O homem, via de regra, era o provedor e fornecia alimentos para sua família e/ou comunidade em que habitava. A mulher, por sua vez, responsabilizava-se pelos filhos e pela casa, sendo subordinada ao homem. A igreja e o Estado também exercem fortes influências moralistas e ideológicas sobre o corpo feminino, de modo que a mulher fosse submissa ao seu marido e fiel à religião.

De acordo com Teixeira (2017), o debate sobre a presença das mulheres no mercado de trabalho ganhou novo contorno a partir da Primeira Guerra Mundial. Nesse período, as mulheres precisaram sair de casa e ir trabalhar, visto que os homens estavam fora, em combate.

Ao ocuparem os mesmos postos de trabalho, as mulheres demonstravam na prática a mesma capacidade e produtividade dos trabalhadores do sexo masculino [...] [contudo] prevalecia o entendimento de que cabe as mulheres o espaço privado (âmbito familiar), e aos homens, a responsabilidade pelo sustento da família. A presença das mulheres no mercado de trabalho era vista como circunstancial e passageira, uma vez que as suas atividades principais eram a de reprodução e os cuidados da casa. (Teixeira, 2017, p. 70-71)

Segundo Leone (2017, p. 14), "as mudanças ocorridas na segunda metade do século XX, [...] em todos os planos da vida social, têm sido acompanhadas pela crescente participação da mulher no mercado de trabalho". Para a autora, as alterações na demografia, com a queda da fecundidade verificada na década de 1960 no Brasil, contribuíram para facilitar a entrada da mulher no mercado de trabalho. "Com menos filhos, as mulheres conseguem articular melhor seus papéis de mãe e de trabalhadora remunerada" (Leone, 2017, p. 14).

Em meados de 1970, a participação feminina no mercado de trabalho começou a se tornar significativa. Era um contexto de expansão da economia e início do processo de urbanização e industrialização, que continuou a evoluir na década de 1980. Com a abertura econômica e as constantes crises, muitas mulheres tiveram de começar a trabalhar para ajudar a complementar a renda familiar. Houve, então, uma ruptura em seu estilo de vida com o ingresso no mercado de trabalho.

Apesar de continuarem com as responsabilidades familiares – cuidar da casa e da família –, as mulheres agregaram ao seu cotidiano o trabalho externo. A inserção no mercado de trabalho, contudo, não foi fácil, demandando grande esforço, pois a sociedade havia cristalizado a ideia de que o papel da mulher restringia-se ao de dona de casa (Teixeira, 2017).

Outro fato percebido é que as mulheres deixaram de abandonar o trabalho ao se casar ou ter filhos, fortalecendo, assim, sua participação nas atividades econômicas. Uma vez que a atividade profissional da mulher adquire importância, ela se torna uma fonte de renda. Entretanto, ainda que "as mulheres compartilhem cada vez mais com os homens o provimento da renda familiar com seu trabalho remunerado, não tem ocorrido um processo equivalente de mudança com relação a uma melhor redistribuição entre homens e mulheres das responsabilidades familiares e das tarefas domesticas" (Leone, 2017, p. 16).

Nas últimas décadas, o mercado de trabalho no Brasil, assim como no resto do mundo, vem passando por transformações profundas, e o aumento da participação da mão de obra feminina é um dos motivos. Apesar disso, as discriminações e os preconceitos são frequentes, "sejam de gênero ou étnico-raciais, bem como [relacionados] aos mitos e papéis de submissão/subordinação e de docilidade/desvalorização" que ocorrem, espacialmente, no local de trabalho (Moraes, 2010, p. 92).

Além dos salários desiguais para funções semelhantes, dois outros aspectos merecem destaque nesta discussão: os assédios sexual e moral.

> As mulheres são o grupo mais vulnerável ao assédio moral e sexual. O assédio sexual no ambiente de trabalho é considerado um ato de poder, sendo o assediador um superior hierárquico da pessoa assediada. Trata-se de uma insinuação ou proposta sexual repetida e não desejada por uma das partes. Essa insinuação ou proposta pode ser verbal, gestual ou física. [...]
>
> Já o assédio moral é outra forma de constrangimento e humilhação praticada de maneira repetitiva e prolongada no ambiente de trabalho, com exigências de execução de tarefas em prazos impossíveis,

desvio de função, sonegação de informações, sobrecarga de trabalho, inferiorização, hostilização e desqualificação por parte de superior diante de colegas de trabalho. (Moraes, 2010, p. 92)

Comportamentos assim deterioram a saúde física e mental das trabalhadoras, comprometendo também seu desempenho.

Por outro lado, com a globalização dos mercados, passou-se a buscar uma mão de obra diversificada, multicultural e de diferentes gêneros, o que permitiu o aumento da inclusão da mulher no mercado de trabalho, embora ainda não de forma igualitária se comparada à presença dos homens (Lima; Lima; Tanure, 2009).

Segundo a OIT (2018), apesar dos notáveis progressos nos últimos 20 anos, indicadores evidenciam que perduram desigualdades entre homens e mulheres no tocante ao acesso ao mercado de trabalho e às condições de trabalho. A taxa global de participação das mulheres na força de trabalho foi de 48,5% em 2018, 26,5% abaixo da taxa dos homens. Os dados também indicam que a "cada dez homens empregados, apenas seis mulheres estão empregadas" (OIT, 2018).

De acordo com a Agência IBGE Notícias (2019), do Instituto Brasileiro de Geografia e Estatística (IBGE): "Em 2018, o rendimento médio das mulheres ocupadas com entre 25 e 49 anos de idade (R$ 2.050) equivalia a 79,5% do recebido pelos homens (R$ 2.579) nesse mesmo grupo etário". No entanto, quando são consideradas "cor ou raça, a proporção de rendimento médio da mulher branca ocupada em relação ao do homem branco ocupado (76,2%) era menor que essa razão entre mulher e homem de cor preta ou parda (80,1%)".

Considerando-se as ocupações pesquisadas, a participação das mulheres era maior nas seguintes posições: "Trabalhadores dos serviços domésticos em geral (95,0%), Professores do Ensino fundamental (84,0%), Trabalhadores de limpeza de interior de edifícios, escritórios, hotéis e outros estabelecimentos (74,9%) e [...] Trabalhadores de centrais de atendimento (72,2%)" (Agência IBGE Notícias, 2019).

Logo, é notável a elevada participação feminina em cargos que demandam baixa escolaridade e pagam salários menores.

Entre diretores e gerentes, as mulheres eram 41,8% e tinham rendimento médio correspondente a 71,3% do recebido pelos homens; entre os profissionais das ciências e intelectuais, elas eram 63,0%, mas recebiam 64,8% do provento dos homens (Agência IBGE Notícias, 2019). Por que as mulheres, mesmo quando executam atividades semelhantes e ocupam o mesmo posto de trabalho que os homens, recebem menos?

Segundo Tonelli (2018), em posições similares de trabalho, os homens brasileiros ainda ganham 30% a mais que as mulheres. Se examinada a divisão das tarefas domésticas, a dedicação das mulheres é quase o dobro das horas investidas pelos homens. As mulheres empreendedoras respondem "pela criação de 50% dos novos negócios no país", contudo, "quando se trata de negócios maduros, esses números caem significativamente" (Tonelli, 2018, p. 35).

Ainda que adentrem o mercado de trabalho, as mulheres ainda estão pouco representadas no topo das organizações e nos conselhos das empresas. E é no topo que a diferença de gênero faz-se maior: entre os *chief executive officers* (CEOs, em português, "chefes executivos de ofício") europeus mais bem pagos, o *gap* supera 50%.

> Você sabe o que significa a sigla CEO? Ela designa o cargo de presidente de uma organização, que é o mais alto de sua hierarquia.

Embora nem sempre as ações discriminatórias estejam claramente manifestas, vieses inconscientes e "tetos de vidro" permeiam o ambiente organizacional.

> O recente relatório do grupo W20 – grupo oficial de engajamento do G20 que defende políticas para a igualdade de gênero –, traz recomendações para aumentar a participação das mulheres nas economias e sociedades.
> Agora, você já ouviu falar sobre o G20? Ele é composto pelas 19 maiores economias do mundo, ou seja, dele fazem parte os 8 países mais ricos e influentes, o G8, e 11 países emergentes. Ainda, você saberia dizer quais são as nações participantes do G20 e do G8? Que tal pesquisar?

A discriminação sofrida pelas mulheres no mercado de trabalho ficou mais evidente após a expansão das mídias sociais, que permitiram a difusão de informações antes restritas a pequenos grupos. Atualmente, as mulheres estão exigindo mais representatividade na política, nas empresas e em demais organizações. Apesar das diversas conquistas, ainda é difícil alçar-se aos cargos mais altos nas empresas, conforme os dados anteriormente expostos comprovam. Essa realidade deu origem a um termo específico: *teto de vidro*.

De acordo com Teixeira (2017, p. 73):

> A literatura sobre o tema distingue duas formas básicas de segregação ocupacional: uma horizontal e outra vertical. A segregação horizontal é aquela em que os sexos se distribuem de forma desproporcional dentro da estrutura ocupacional, enquanto que a segregação vertical ocorre dentro de uma mesma ocupação, quando um dos sexos tende a se situar em graus ou níveis hierárquicos superiores em relação ao outro.

O **teto de vidro** tem relação com a segregação vertical. Esse conceito apareceu pela primeira vez em um texto da Secretaria de Trabalho dos Estados Unidos na década de 1980. O fenômeno diz respeito à menor velocidade com que as mulheres ascendem em sua carreira e conquistam posições de liderança se comparadas aos homens. Isso resulta em uma sub-representação feminina nos cargos mais altos e de mais confiança, o que faz com que a mulher seja menos valorizada em termos remuneratórios e de prestígio. Logo, a busca pelo crescimento na organização vai de encontro a uma barreira invisível que a impede de chegar ao topo.

Segundo Coelho (2006), existem três linhas de abordagem para compreender o fenômeno:

1. A existência de práticas discriminatórias.
2. Uma suposta menor predisposição feminina para assumir cargos de liderança.
3. A ideia de que mulheres têm utilidades marginais maiores que as dos homens.

Ainda conforme o autor, a primeira vertente, criada por Becker em 1957, refere-se ao fato de o empregador ter a preferência por contratar alguém do sexo masculino, mesmo que ambos os sexos apresentem as mesmas habilidades intelectuais. A discriminação está em frases como "não aceito receber ordens de uma mulher" (Coelho, 2006, p. 144). Tais preconceitos levam à discriminação, sendo um dos maiores fatores impeditivos da ascensão de mulheres nas grandes organizações (Stockdale; Leong, 1994).

A segunda vertente afirma existir um estigma social de que as mulheres seriam menos produtivas que os homens (Coelho, 2006). Essa premissa leva os empregadores a preferirem contratar homens, o que impacta a motivação das mulheres para investir em sua formação (Arrow, 1998).

A terceira linha de pensamento defende que as mulheres têm maior afinidade e facilidade com trabalhos não relacionados ao mercado de trabalho, como cuidar dos filhos e da casa. Derivado desse pressuposto, o vínculo gerado entre o empregador e a empregada é mais oscilante do que com um homem, que não se preocupa com tarefas fora do trabalho (Coelho, 2006).

Para Ceribeli, Ceribeli e Ferreira (2016), muitas organizações ainda não estão preparadas para lidar com a diversidade de gênero em seus quadros de funcionários e, consequentemente, adotam tratamentos desiguais para homens e mulheres. Os autores apontam que as mulheres estão menos satisfeitas do que os homens com os salários, as oportunidades e as interferências do trabalho em sua vida pessoal.

Reforçando o que foi apresentado até aqui, Medeiros, Borges e Miranda (2010) esclarecem que as relações de gênero no mercado de trabalho ocorrem de três formas distintas:

1. **Divisão sexual horizontal do mercado de trabalho**: Existe uma concentração de mulheres em determinados setores de atividade devido a "características culturalmente reproduzidas. Aqui, as mulheres ocupam funções que, ou são extensões diretas do trabalho doméstico, ou requerem paciência, docilidade, meticulosidade, delicadeza, qualidades essas estimuladas na socialização feminina" (Medeiros; Borges; Miranda, 2010, p. 83).
2. **Divisão sexual vertical do trabalho**: Como "as condições gerais de trabalho das mulheres são inferiores às dos homens", isso exige delas "requisitos ou competências a mais que seus colegas para ocupar o mesmo posto de trabalho" (Medeiros, Borges; Miranda, 2010, p. 83).
3. **Pirâmide ocupacional baseada em gênero**: Relacionada à "baixa presença das mulheres em cargos hierarquicamente superiores", o que caracteriza o fenômeno do "teto de vidro" (Medeiros; Borges; Miranda, 2010, p. 84).

Esse contexto desigual "impulsionou o surgimento do movimento sindical da década de 1990 e o avanço de ações afirmativas quanto à equidade de gênero" (Brasil, 2005, citado por Pinto; Midlej, 2012, p. 1.533). Nesse mesmo sentido, a Constituição Cidadã de 1988 consolidou diversas conquistas relacionadas à luta das mulheres por condições de igualdade no trabalho, "como salários iguais para serviços iguais, licença-maternidade, licença-paternidade etc." (Pinto; Midlej, 2012, p. 1.533). Os avanços resultaram do trabalho de articulação dos movimentos feministas, conhecido como *lobby do batom*.

Segundo Leite e Souza (2010, p. 103),

A introdução da preocupação com a igualdade de oportunidades de gênero e raça nas políticas de emprego é recente em nosso país. De fato, foi a partir de uma denúncia encaminhada à OIT, em 1995, pelo movimento social, sobre o não cumprimento da Convenção nº 111 sobre discriminação em matéria de emprego e ocupação, ratificada pelo País em 1965, que o Ministério do Trabalho e Emprego (MTE), junto com o da Justiça e a Secretaria Nacional de Direitos Humanos, desencadeou um conjunto de ações em 1995 para tornar efetivos os princípios desta Convenção.

Trata-se, portanto, de um movimento bastante recente. Conforme Leite e Souza (2010), em 1996, quando o Ministério da Justiça deu início ao Programa Nacional de Direitos Humanos, foi que o governo brasileiro começou a ser mais efetivo na formulação e consolidação de políticas públicas orientadas a esses temas, por meio da criação de três grupos técnicos, a saber:

» Grupo de Trabalho Multidisciplinar (GTM), dirigido à promoção de igualdade de oportunidades no trabalho e na ocupação, criado pelo MTE, formado por representantes das diversas secretarias do Ministério; conforme o tema em discussão,

o GTM incluía também representantes da sociedade civil, como o movimento sindical e organizações de mulheres e negros;
» Grupo de Trabalho contra a Discriminação no Emprego e na Ocupação (GTDEO), criado pela Presidência da República, formado por representantes dos vários ministérios e secretarias de governo, sob a coordenação do MTE;
» Grupo de Trabalho Interministerial para a Valorização da População Negra (GTI), coordenado pelo Ministério de Justiça e a Secretaria Nacional de Direitos Humanos. (Leite; Souza, 2010, p. 103-104)

Vale destacar o Plano Nacional de Políticas para as Mulheres, aprovado na I e na II Conferência Nacional de Políticas para as Mulheres, realizadas, respectivamente, em 2004 e 2007, em Brasília (DF). Esse plano aborda a equidade de gênero e "'reitera o acesso de todas as pessoas aos direitos universais e a adoção de ações afirmativas voltadas para grupos historicamente discriminados', de acordo com o II Plano Nacional de Política para as Mulheres" (SPM, 2008, citado por Pinto; Midlej, 2012, p. 1.533).

Há muito espaço para melhorias nas organizações no que se refere a políticas e práticas de gestão de diversidade voltadas para mulheres. Vamos compreender, na sequência, como a área de recursos humanos (RH) pode atuar nesse sentido.

5.2 Gestão de RH na diversidade de gênero

As práticas de GP têm relação direta com a ampliação da diversidade no quadro funcional das organizações. Segundo Fleury (2000), as instituições estão investindo em projetos para diversificar sua força de trabalho com foco em questões de gênero, ou seja, as empresas têm recrutado mais mulheres para equilibrar o gênero entre seus colaboradores.

Yannoulas (2002) ressalta a maneira seletiva como o mercado de trabalho recruta as mulheres, o que não acontece aos homens, priorizando as mais jovens, com maior grau de escolaridade e solteiras, o que caracteriza uma forma de discriminação, prática proibida por normas internacionais. A autora aponta três práticas segregadoras:

1. **Direta**, que diz respeito à "exclusão explícita de um grupo social, em função de seu sexo/gênero, raça/etnia, religião, idade, nacionalidade, entre outros aspectos" (Yannoulas, 2002, p. 18).
2. **Indireta** ou **encoberta**, que consiste em práticas aparentemente neutras, mas que criam desigualdades entre pessoas em função de determinados aspectos.
3. **Autodiscriminação**, que envolve mecanismos internos de repressão que direcionam as escolhas da mulher para ocupações "menores".

A pesquisa do Instituto Ethos (2016c) sobre *o Perfil social, racial e de gênero das 500 maiores empresas no Brasil e suas ações afirmativas* indicou que a maior parte das empresas ainda não elaborou medidas para incentivar a presença de mulheres no quadro de pessoal.

> Entre as empresas que dizem possuir medidas de incentivo, são maiores as parcelas das que adotam tais medidas dirigidas à gerência, à supervisão e ao quadro funcional, com proporções de 35,1%, 35% e 34,2%. Referem-se aos demais grupos – quadro executivo, estagiários e *trainees* – parcelas de 31,6%, 28,2% e 27,6% das corporações. (Instituto Ethos, 2016c, p. 45)

Ainda conforme o Instituto Ethos (2016c), embora não sejam dados irrelevantes, uma vez que a inclusão é um processo com resultados nem sempre imediatos, estão longe de serem avaliados como bons, visto que a maior fração das medidas indica apenas ações pontuais. A parcela das empresas que adotam políticas e metas com ações planejadas, por nível, é: "quadro executivo (12,0%), gerência (13,7%), supervisão (11,1%), quadro funcional (12,8%), *trainees* (8,6%) e estagiários (8,5%)" (Instituto Ethos, 2016c, p. 45).

O gráfico a seguir detalha as políticas direcionadas a mulheres, conforme dados do Instituto Ethos (2016c).

Gráfico 5.1 – Políticas ou ações afirmativas voltadas para mulheres

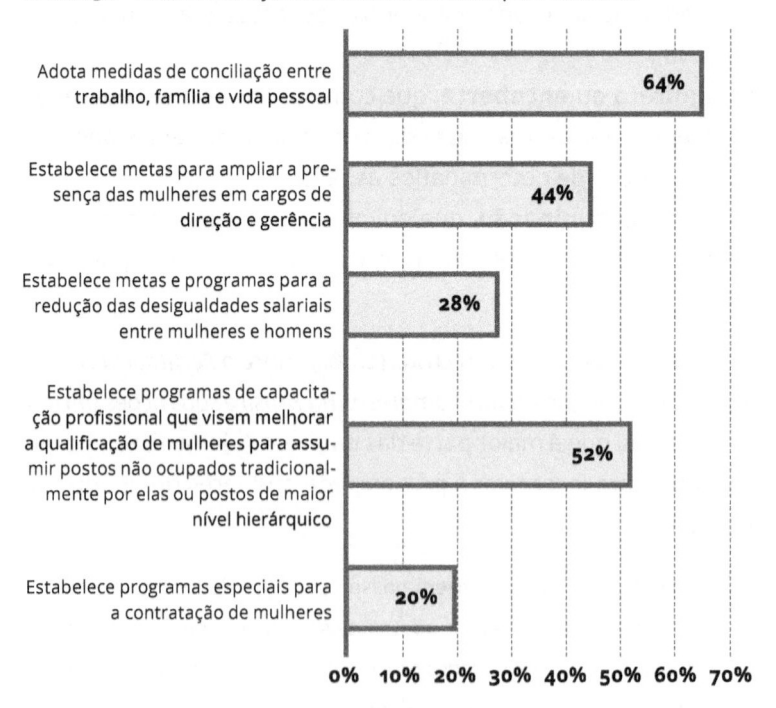

Política	%
Adota medidas de conciliação entre trabalho, família e vida pessoal	64%
Estabelece metas para ampliar a presença das mulheres em cargos de direção e gerência	44%
Estabelece metas e programas para a redução das desigualdades salariais entre mulheres e homens	28%
Estabelece programas de capacitação profissional que visem melhorar a qualificação de mulheres para assumir postos não ocupados tradicionalmente por elas ou postos de maior nível hierárquico	52%
Estabelece programas especiais para a contratação de mulheres	20%

Fonte: Elaborado com base em Instituto Ethos, 2016c.

A iniciativa da ONU Mulheres (2016), com os *Women's Empowerment Principles* (WEPs, em português, "princípios de empoderamento das mulheres"), tem ajudado a reverter essas formas discriminatórias, buscando a adesão das empresas brasileiras a 7 princípios de empoderamento feminino. Alguns desses princípios, aqueles mais diretamente relacionados às atividades de gestão de pessoas – especificamente, os princípios 1, 2, 3, 4 e 7 –, tratam de liderança, promoção de tratamento justo, garantia de saúde, segurança e bem-estar, promoção de educação e capacitação, e estabelecimento, mensuração e divulgação de indicadores voltados para a igualdade de gênero. O quadro a seguir descreve cada um dos princípios.

Quadro 5.1 – Sete princípios de empoderamento das mulheres

Princípios de empoderamento das mulheres
1. Estabelecer liderança corporativa de alto nível para a igualdade de gênero.
2. Tratar todos os homens e mulheres de forma justa no trabalho – respeitar e apoiar os direitos humanos e a não discriminação.
3. Garantir a saúde, a segurança e o bem-estar de todos os trabalhadores e as trabalhadoras.
4. Promover a educação, a formação e o desenvolvimento profissional das mulheres.
5. Implementar o desenvolvimento empresarial e as práticas da cadeia de suprimentos e de marketing que empoderem as mulheres.
6. Promover a igualdade através de iniciativa e defesa comunitária.
7. Medir e publicar os progressos para alcançar a igualdade de gênero.

Fonte: ONU Mulheres, 2016, p. 3.

A ideia é que esses princípios sejam aplicados e acompanhados pelas organizações visando à obtenção de uma maior igualdade de gênero. Algumas práticas de GP têm sido empregadas a fim de cumprir os princípios ora citados, de acordo com o que consta no documento da ONU Mulheres (2016).

Quanto ao recrutamento e à seleção, uma conduta inclusiva consiste em definir indicadores e metas que possibilitem a representação equitativa de homens e mulheres no quadro de empregados da empresa.

No que diz respeito à remuneração e à recompensa, uma ação que pode ser empreendida é remunerar homens e mulheres de forma igual por atividades de mesmo valor, incluindo benefícios. Além disso, é primordial examinar os dados da folha de pagamento para identificar, por meio de levantamentos e análises estatísticas segmentados por sexo, discrepâncias relativas a cargos e salários/remuneração a fim de, com isso, viabilizar ações que minimizem as desigualdades.

No que se refere a oportunidades de crescimento, devem ser fixadas metas de participação de mulheres em cargos gerenciais e promovido o processo de empoderamento. Outro ponto que merece atenção é avaliar as condições de trabalho e os riscos potenciais das atividades exercidas pelos empregados e empregadas, observando-se as diferenças físicas, mentais e de saúde, de modo a detectar e corrigir eventuais problemas encontrados.

Quanto à saúde e segurança do trabalho, destacam-se práticas relativas à oferta de equipamentos de segurança individual e coletiva em tamanhos e formas apropriados também para mulheres, bem como banheiros e vestiários adequados e separados por gênero. Além disso, a implementação de política de tolerância zero à prática discriminatória e à violência no ambiente laboral (desde o abuso verbal e físico até o assédio sexual) e a disponibilização de canais de comunicação suficientes, seguros e confidenciais para denúncias e tratamento dessas condutas inadequadas são medidas importantes.

No que concerne à capacitação e ao desenvolvimento profissional, há o incentivo à participação de mulheres em treinamentos e cursos de capacitação em atividades exercidas, via de regra, por homens, e vice-versa. Ainda, devem-se distribuir igualitariamente as oportunidades de treinamentos e desenvolvimento profissional entre homens e mulheres e propor programas educativos e de treinamento em horários que favoreçam a participação feminina, tendo em vista as obrigações familiares. Nessa perspectiva, é fundamental acompanhar o percentual (segmentado por gênero, categoria e cargo) de engajamento dos funcionários nesses cursos, bem como garantir que seu desempenho e sua carreira sejam analisados com equidade, evitando-se qualquer discriminação. Ademais, recomenda-se criar e divulgar material didático voltado para a formação, mobilização e institucionalização das práticas de equidade.

Além das ações citadas, é importante medir, acompanhar e disseminar os progressos da empresa na promoção da igualdade de gênero. Isso pode ser feito, por exemplo, por meio de publicação, para a comunidade interna e externa, da política, do plano de implementação e dos resultados obtidos. O levantamento de informações pode ser efetuado via estabelecimento, monitoramento e mensuração periódica de indicadores e metas para a inclusão das mulheres em todos os níveis, incluindo-os nos relatórios gerenciais

Vale destacar, ainda, o Programa Pró-Equidade de Gênero – instituído pelo Decreto n. 5.390, de 8 de março de 2005 (Brasil, 2005) –, elaborado pela Secretaria Especial de Política para as Mulheres (SPM) da Presidência da República, que teve início no biênio 2005-2006 (Pinto; Midlej, 2012). Os principais objetivos desse programa são:

> conscientizar e sensibilizar dirigentes, empregadores/as e trabalhadores/as para a promoção da igualdade de gênero, estimular práticas de gestão que promovam a igualdade de oportunidades entre homens e mulheres dentro das organizações, e criar a rede Pró-Equidade de Gênero. É dirigido a empresas e instituições de médio e grande porte dos setores público e privado e sua coordenação é feita pela SPM, Ministério do Planejamento, Orçamento e Gestão (MPOG), Ministério Público do Trabalho (MPT), Organização Internacional do Trabalho (OIT), Fundo de Desenvolvimento das Nações Unidas para a Mulher (Unifem) e Conselho Nacional dos Direitos da Mulher (CNDM). (Pinto; Midlej, 2012, p. 1.533-1.534)

O programa, segundo o Instituto de Pesquisa Econômica Aplicada (Ipea, 2021), é estruturado em dois eixos: GP e cultura organizacional. O quadro a seguir elenca alguns exemplos de boas práticas de GP referentes a tal questão.

Quadro 5.2 – Exemplos de boas práticas

Boas práticas de gestão de pessoas em função do gênero

- Criação de um local adequado para que as lactantes possam colher, armazenar o leite materno ou amamentar durante o horário de trabalho.

- Ampliação do prazo de licença-paternidade para 10 dias úteis consecutivos. Assim, os funcionários poderão compartilhar os cuidados com a família nos primeiros dias de nascimento da filha ou do filho. [...]

- Ofertar um canal confiável para denúncias de práticas discriminatórias.

- Levar à cadeia de relacionamentos da organização a discussão acerca da promoção da igualdade de gênero e raça.

- Possibilitar que as empregadas em licença devido à gestação ou à maternidade sejam avaliadas no respectivo ciclo do Sistema de Gerenciamento do Desempenho. Combater a discriminação no processo de avaliação em função da vida reprodutiva das mulheres.

- Investir na capacitação de mulheres para o exercício gerencial.

- Estimular a ascensão a cargos gerenciais, de forma equitativa entre mulheres e homens.

- Fortalecer o compromisso da empresa em relação ao tema, com a qualificação dos gerentes e chefes de setores, possibilitando o reconhecimento de sinais de violência no ambiente de trabalho.

Fonte: Ipea, 2021.

5.2.1 Exemplos de práticas de gestão de pessoas voltadas para a diversidade de gênero

Muitas empresas vêm desenvolvendo programas voltados à equidade de gênero, entre elas a Unilever e a Whirpool (Movimento + Mulher 360, 2020). Na Unilever, como as fábricas têm um menor número de mulheres, para preencher a lacuna nessa área, "foi criado o ME@Unilever, um programa cujo objetivo é capacitar e empoderar mulheres e buscar a equidade dentro das fábricas" (Movimento + Mulher 360, 2020). Esse programa abrange ações voltadas à "promoção de um ambiente mais inclusivo para as mulheres, em que elas possam ascender", além de práticas que atraiam "mulheres para posições dentro de ambientes fabris e também encontros de formação para jovens, estimulando o interesse pela carreira em manufatura e engenharia" (Movimento + Mulher 360, 2020).

Já a Whirpool acompanha e divulga os números de mulheres em seu quadro, empregando 46% no total e 50% no time de alta liderança sênior (Movimento + Mulher 360, 2019). Nos treinamentos sobre diversidade, um tópico discutido são os vieses inconscientes, pois a organização acredita que explicitá-los permite enfrentar melhor as barreiras invisíveis na ascensão da mulher. Dissemina, assim, "que viés inconsciente é uma associação ou atitude implícita que opera além do controle e consciência do ser humano; indica a percepção sobre uma pessoa ou grupo de pessoas e pode influenciar a decisão e comportamento em relação a alguém" (Movimento + Mulher 360, 2019). Os treinamentos são realizados via *streaming* e também de forma *on-line* com todos os colaboradores da empresa.

Desde 2019, a Great Place to Work ampliou suas pesquisas sobre práticas de gestão de pessoas e incluiu um levantamento com foco na promoção da equidade de gênero: "Melhores Empresas GPTW Mulher". A edição 2020 da referida pesquisa apresenta informações quantitativas e qualitativas importantes.

O estudo elaborou uma série de afirmativas e solicitou aos respondentes que indicassem seu nível de concordância com cada uma delas. O gráfico adiante mostra seis afirmativas, três com o maior percentual de concordância e três que obtiverem o menor, considerando as empresas que foram premiadas (um total de 70) como os melhores lugares para as mulheres trabalharem.

Gráfico 5.2 – Percentual de concordância com as afirmativas

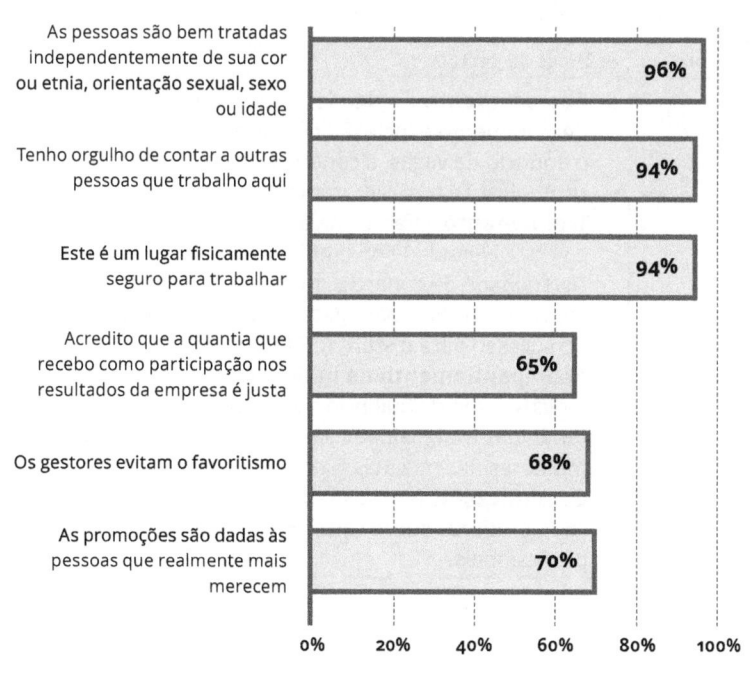

Afirmativa	%
As pessoas são bem tratadas independentemente de sua cor ou etnia, orientação sexual, sexo ou idade	96%
Tenho orgulho de contar a outras pessoas que trabalho aqui	94%
Este é um lugar fisicamente seguro para trabalhar	94%
Acredito que a quantia que recebo como participação nos resultados da empresa é justa	65%
Os gestores evitam o favoritismo	68%
As promoções são dadas às pessoas que realmente mais merecem	70%

Fonte: Elaborado com base em GPTW, 2020d.

Como destaques positivos, foram apontados o respeito à diversidade, o orgulho e a segurança. Como pontos negativos, apareceram dúvidas sobre os critérios de concessão de participação nos resultados (PLR) e de promoções, bem como o favoritismo dos gestores. É interessante perceber que, apesar de reconhecerem que existe um melhor tratamento ao diverso, o mesmo não acontece, em igual proporção, à percepção de práticas de igualdade. Abre-se, assim, um significativo campo de atuação para a área de GP.

Vejamos, na sequência, algumas empresas e práticas constantes na pesquisa "Melhores Empresas GPTW Mulher" (GPTW, 2020d).

Quadro 5.3 – Empresas e práticas de gestão de pessoas voltadas à promoção da equidade de gênero

Empresas	Práticas de gestão
Accor	» **Recrutamento e seleção**: Possui um Manual de Recrutamento e Inclusão que orienta, no Brasil, o anúncio de vagas, a condução de entrevistas e a comunicação pós-recrutamento. » **Treinamento**: Oferece diversos cursos a distância, como "Diversidade no ambiente de trabalho; Diversidade de gênero e nome social; Inclusão como chave do sucesso para gestores; Inclusão como chave do sucesso para o staff" (GPTW, 2020d). » **Acompanhamento de indicadores**: Acompanha índices como o equilíbrio numérico de lideranças femininas e a igualdade salarial entre homens e mulheres nas mesmas funções. » **Comunicação**: Promove rodas de conversa com colaboradoras sobre seus sonhos e desafios profissionais.

(continua)

(Quadro 5.3 - conclusão)

Empresas	Práticas de gestão
Johnson & Johnson	» **Liderança**: Por meio do Programa Women's Leadership & Inclusion (WLI) promove o desenvolvimento e o empoderamento das mulheres com foco na equidade de oportunidades. Algumas das iniciativas do WLI são: • promoção de sessões de *mentoring*, invertendo os papéis tradicionais relacionados ao gênero (as mulheres atuam como mentoras, e os homens, como mentoreados); • capacitação das mulheres para que possam assumir posições de liderança; • promoção de palestras, cursos e eventos para troca de experiências; • discussão de temas de interesse e fortalecimento de *networking*. » **Movimentação de pessoal**: Estabelece critérios de admissão e promoção de forma a evitar que preconceitos interfiram no processo.
Magazine Luiza	» **Mobilidade funcional**: "Em promoções ou transferências que envolvam mudanças de cidade, a colaboradora tem apoio da área de gestão de pessoas para que seus familiares a acompanhem, inclusive com assistência para adaptação escolar e recolocação profissional do companheiro(a)" (GPTW, 2020d). » **Cuidados especiais**: "Nas convenções anuais com líderes que somam 06 eventos, as colaboradoras mães que estão amamentando tem o direito de trazer seu filho e um acompanhante para ficar todo o período do evento. Na ficha de inscrição há questões para acompanhamento de cuidados especiais necessários caso estejam grávidas ou necessitam de algum apoio extra" (GPTW, 2020d).

Fonte: Elaborado com base em GPTW, 2020d.

Percebemos, assim, que a Accor, a Johnson & Johnson e o Maganize Luiza se destacam com práticas diversas, desde a facilitação do ingresso do público feminino na organização, passando por políticas de promoção, até ações de acompanhamento e cuidado quanto ao grupo familiar e à amamentação. Considerando-se esse trio de empresas, cabe menção ao Magazine Luiza, que tem uma mulher como uma de suas fundadoras e que segue na organização, agora no conselho de administração.

> Deseja conhecer mais sobre o WLI? Sugerimos a leitura disponível em:
>
> WLI – Women's Leadership & Inclusion. **Be yourself, change the world**. Disponível em: <https://www.jnj.com/_document/wli?id=00000162-bbbc-df5b-a363-bbbdd4fe0000>. Acesso em: 11 maio 2021.
>
> Para conhecer outras empresas e práticas concernentes à diversidade de gênero, acesse a íntegra da pesquisa da GPTW em:
>
> GPTW – Great Place to Work. **Melhores Empresas GPTW Mulher 2020**. 2020. Disponível em: <https://conteudo.gptw.com.br/estudo-gptw-mulher-2020?_ga=2.214901207.1344794263.1611908027-814245693.1611763604>. Acesso em: 11 maio 2021.

Na sequência, veremos os Objetivos de Desenvolvimento Sustentável (ODS) da Organização das Nações Unidas (ONU) relativos à igualdade de gênero.

5.3 ODS e sua relação com a igualdade de gênero

Considerando os ODS da ONU, já citados na altura em que discutimos sobre as Pessoas com Deficiências (PcDs), o de número 5 visa "alcançar a igualdade de gênero e empoderar todas as mulheres e meninas" (Nações Unidas Brasil, 2021c). Cabe detalhar algumas metas associadas ao ODS 5, destacando os aspectos referentes ao trabalho.

> » **Meta 5.1** Acabar com todas as formas de discriminação contra todas as mulheres e meninas em toda a parte.
> » **Meta 5.2** Eliminar todas as formas de violência contra todas as mulheres e meninas nas esferas públicas e privadas, incluindo o tráfico e exploração sexual e de outros tipos. [...]
> » **Meta 5.4** Reconhecer e valorizar o trabalho de assistência e doméstico não remunerado, por meio da disponibilização de serviços públicos, infraestrutura e políticas de proteção social, bem como a promoção da responsabilidade compartilhada dentro do lar e da família, conforme os contextos nacionais.
> » **Meta 5.5** Garantir a participação plena e efetiva das mulheres e a igualdade de oportunidades para a liderança em todos os níveis de tomada de decisão na vida política, econômica e pública. [...]
> » **Meta 5.c** Adotar e fortalecer políticas sólidas e legislação aplicável para a promoção da igualdade de gênero e o empoderamento de todas as mulheres e meninas em todos os níveis.
>
> (Nações Unidas Brasil, 2021c)

Ao avaliarmos os ODS e todo o conteúdo apresentado neste capítulo, percebemos a necessidade de não apenas buscar uma diversidade de gênero nas organizações, mas também uma maior igualdade entre os gêneros em diversos aspectos da vida. Dupla jornada de trabalho (no emprego e em casa), diferença salarial mesmo no exercício de funções similares, assédio moral e sexual, preconceitos diversos e barreiras para ascender profissionalmente foram apenas alguns dos itens que observamos em relação à diversidade de gênero.

> Para saber mais sobre os *Princípios de empoderamento das mulheres* e como se tornar signatário, acesse a Cartilha WEPs:
>
> ONU MULHERES. **Princípios de empoderamento das mulheres**. 2016. Disponível em: <http://www.onumulheres.org.br/wp-content/uploads/2016/04/cartilha_WEPs_2016.pdf>. Acesso em: 11 maio 2021.

Se a entrada e a ascensão da mulher branca no mercado de trabalho são consideradas desiguais, essa disparidade multiplica-se quando se trata da mulher negra, que compõe mais de um quarto da população de trabalhadores no Brasil. O racismo é estruturante da desigualdade na sociedade brasileira, e o sexismo para com a mulher negra intersecciona dois preconceitos, potencializando sua expressão. As mulheres negras, independentemente de seu grau de instrução, são o grupo mais alijado no mercado de trabalho e em sua remuneração. São elas que mais sofrem práticas discriminatórias no trabalho e exercem as funções mais precárias.

No próximo capítulo, aprofundaremos o assunto, abordando a diversidade racial.

6 Diversidade racial

Você acha que a sociedade brasileira é polarizada racialmente entre brancos e negros? Percebe o uso de palavras alternativas para se referir aos negros, como *moreno* ou "*escurinho*"? Já escutou alguém fazer comentários pejorativos relacionados aos negros, como "serviço de preto" ou "tinha que ser preto"? Comentários assim ainda existem e guardam, em suas origens, perspectivas preconceituosas sobre os negros, ocorrendo tanto na sociedade de forma geral como no ambiente de trabalho.

Uma questão que influenciou a percepção do negro no Brasil foi a forma de libertação dos escravos, que, jogados no mercado de trabalho sem qualquer política de absorção ou de qualificação, foram obrigados a aceitar subempregos, impedindo a diversificação profissional e o acesso à riqueza produzida no país (Silvério, 2002, citado por Oliveira, 2007). Por esse motivo, os negros foram "associados a posições sociais, econômicas e intelectuais inferiores" (Oliveira, 2007, p. 5).

De acordo com Oliveira (2007), nascer negro traz, além dos preconceitos referentes à cor, aqueles relacionados à pobreza e à falta de capacitação para desempenhar sua função. Assim, os negros foram obrigados a aprender a conviver com a negação de seu posicionamento social dentro de uma sociedade que se dizia livre, mas que ainda estava (e está), em certa medida, aprisionada aos valores escravocratas, e isso, muitas vezes, produz uma visão determinista sobre as capacidades laborais dessas pessoas. "Várias pesquisas estão sendo realizadas para tentar identificar objetivamente a posição dos negros no mercado de trabalho brasileiro e, a partir disso, construir planos de integração desta população nas organizações brasileiras" (Oliveira, 2007, p. 5).

De acordo com Hall (1999, p. 62, citado por Rosa, 2014, p. 247),

> a raça é uma categoria discursiva e não uma categoria biológica. Isto é, ela é uma categoria organizadora daquelas formas de falar, daqueles sistemas de representação e práticas sociais que utilizam um conjunto frouxo, frequentemente pouco específico, de diferenças em termos de características físicas e corporais – cor da pele, textura do cabelo [...] etc. – como marcas simbólicas, a fim de diferenciar socialmente um grupo do outro.

Foi com base nas diferenças raciais que, historicamente, se construíram "rótulos" que classificavam dominantes e dominados. Para Rosa (2014, p. 247), "ao se produzir tipologias como índio, negro, mestiço, produzem-se também, por contraste, as figuras do português, do francês, e do britânico". O que iniciou como sendo uma distinção entre os grupos com base em uma atribuição geográfica culminou na conotação racial, que consolidou hierarquias e papéis sociais (Rosa, 2014).

É possível perceber o preconceito velado em, por exemplo, anúncios de recrutamento de trabalhadores nos quais se exige boa aparência, referindo-se, na verdade, à pele branca e ao cabelo liso (Oliveira, 2007). Ainda que proibida por lei, essas manifestações foram (e ainda são) empregadas de forma direta ou velada; outro exemplo é quando uma empresa pede que os candidatos a determinada vaga enviem suas fotos anexas aos currículos. Se a vaga não é para modelo, o que justifica a solicitação da foto? Muitas vezes esse pedido esconde preconceitos diversos, relativos, sobretudo, à identidade de gênero ou raça.

> Você já viu algum anúncio de vaga de emprego e de estágio que pedisse foto? Observe como eles ainda existem!

No Brasil, a preocupação com a discriminação racial tornou-se foco da ação de governantes na década de 1990 em decorrência da luta dos movimentos sociais e políticos por ações afirmativas. Após 1995, o Ministério do Trabalho constituiu um Grupo de Trabalho para a Eliminação da Discriminação do Emprego e Ocupação (GTEDEO) em cooperação com os trabalhadores e os empresários, adicionalmente a um programa de cooperação técnica entre a Organização Internacional do Trabalho (OIT) e o Ministério do Trabalho, que foi desenvolvido para gerar ações voltadas para as categorias de gênero e raça (Alves; Galeão-Silva, 2004).

6.1 Promoção da igualdade racial: aspectos legais e indicadores

Quando falamos sobre *diversidade racial*, estamos tratando da necessidade de equilibrar a ocupação de brancos e negros no mercado de trabalho e no que se refere a cargos e salários, para que haja uma relação de equidade.

Como, então, promover a igualdade racial? Nesse sentido, existem ações afirmativas – como a Portaria MTE n. 709, de 28 de maio de 2015 (Brasil, 2015a) – cujas políticas, programas e projetos contemplam a inclusão da população negra no mercado de trabalho.

É importante indicar, nesse contexto, o Estatuto da Igualdade Racial, que foi criado pela Lei n. 12.288, de 20 de julho de 2010 (Brasil, 2010), e tem como finalidade "garantir à população negra a efetivação da igualdade de oportunidades, a defesa dos direitos étnicos individuais, coletivos e difusos e o combate à discriminação e às demais formas de intolerância étnica" (Brasil, 2010).

Outra lei que merece destaque é a Lei n. 9.459, de 13 de maio de 1997 (Brasil, 1997), que considera o racismo como crime inafiançável e imprescritível e fixa pena de 1 a 3 anos de reclusão e multa para quem praticar, induzir ou incitar crimes de preconceito racial ou discriminação de raça, cor ou etnia.

Em nível mundial, podemos indicar a *Declaração e Programa de Ação* da III Conferência Mundial contra o Racismo, Discriminação Racial, Xenofobia e Intolerância Correlata, também conhecida como *Declaração de Durban*, realizada pela Organização das Nações Unidas (ONU) em 2001, na cidade de Durban, na África do Sul, que representou um marco para a adoção de ações afirmativas no Brasil, com legitimidade, abrangência e representatividade internacional (ONU, 2001).

Outros instrumentos em prol de uma igualdade racial também devem ser considerados, como a Convenção Internacional sobre a Eliminação de Todas as Formas de Discriminação Racial; a Convenção 111, sobre Discriminação em Matéria de Emprego e Profissão, da OIT; a Convenção 169, sobre Povos Indígenas e Tribais, da OIT; o Estatuto da Igualdade Racial (Lei n. 12.288/2010); e a Consolidação das Leis do Trabalho (CLT), instituída pelo Decreto-Lei n. 5.452, de 1º de maio de 1943 (Brasil, 1943).

Desta feita, concordamos com o seguinte posicionamento adotado no guia *Indicadores Ethos-Ceert para Promoção da Equidade Racial*, do Instituto Ethos (2016a, p. 9):

> O tema da igualdade no trabalho na perspectiva das relações raciais no Brasil tem relevância não somente conjuntural, mas histórica, uma vez que o trabalho foi inicialmente utilizado no país como ferramenta de opressão e aprisionamento da população negra. Nesse sentido, poder ressignificá-lo como catalisador da igualdade é um passo relevante para as relações raciais no país.

Convém destacar, ainda, que esse guia temático propõe uma intersecção entre raça e gênero, focalizando as mulheres negras, cujos direitos são historicamente violados com maior intensidade no Brasil, o que também se evidencia no universo do trabalho.

As discussões concernentes à adoção de ações afirmativas para os negros, considerando-os como minorias, têm garantido quadros mínimos de participação em universidades e concursos públicos e em outros setores da sociedade. A dificuldade de empreender tais ações é que não existem parâmetros para "identificar quem é negro num país que se diz tão miscigenado" e, além disso, questiona-se até que ponto essas medidas poderiam agravar a discriminação racial no país (Oliveira, 2007).

> Nas organizações das quais você participa, como cliente ou como empregado, você consegue identificar uma proporção igual de negros e brancos? (Considere também as posições de liderança)

A reflexão sobre as ações de gestão da diversidade que envolvem os negros compreende um paradigma ainda mais abrangente que o âmbito legal. Percebe-se que o tema ainda é pouco abordado nas organizações brasileiras, uma vez que está enraizado nos conceitos sociais da população. Outra justificativa é que atinge um grupo expressivo de indivíduos, provocando "paixões, descaso e muitas discussões por atuar diretamente numa questão que ainda não foi resolvida" (Oliveira, 2007, p. 6).

No Brasil, o racismo não é admitido com facilidade. Ainda que exista um mito de democracia racial, o negro vive à margem da sociedade, excluído das atividades rentáveis por barreiras encontradas nos processos seletivos de empresas privadas. O que isso significa? Que até mesmo os negros bem-preparados – com elevada escolaridade – têm dificuldade de acesso às melhores posições (Oliveira, 2007). Tente imaginar o que acontece, então, com uma mulher negra, que faz parte de dois grupos de minorias; os obstáculos que tem de transpor são ainda maiores!

Gonçalves et al. (2016) evidenciam que a participação do indivíduo negro nas organizações brasileiras é pequena quando comparada a dos não negros e raríssimas são as empresas brasileiras que têm homens e mulheres de origem afrodescendente na liderança. Em cargos de alto escalão, na amostra estudada pelos autores, essa participação é quase sempre nula. Eles afirmam que, no Brasil, há uma maquiagem que mascara as questões raciais, logo, pressupõem-se que não existem em um país onde predomina a miscigenação de povos e raças (Gonçalves et al., 2016).

Segundo Nitahara (2019):

> Pretos e pardos que compõem a população negra do país são maioria entre trabalhadores desocupados (64,2%) ou subutilizados (66,1%), segundo informativo Desigualdades Sociais por Cor ou Raça no Brasil [...]. O levantamento [...] reúne dados de diversas pesquisas, como a Síntese dos Indicadores Sociais, o Censo e, principalmente, a Pesquisa Nacional por Amostra de Domicílio – Contínua (Pnad Contínua) de 2018.

A tabela adiante sintetiza informações relevantes sobre analfabetismo, rendimento médio e desocupação entre pessoas brancas e pessoas pretas e pardas. Os números atestam uma diferença significativa, o que confirma a desigualdade de oportunidades e tratamento em termos de educação e carreira.

Tabela 6.1 – Indicadores educacionais e ocupacionais associados à raça

Indicadores	Brancos	Pardos e pretos
Taxa de analfabetismo, de acordo com a PNAD Contínua de 2016	4,2%	9,9%
Renda média dos trabalhadores, de acordo com a PNAD Contínua de 2017	R$ 2.814,00	R$ 1.606 e R$ 1.570
Taxa de desocupação, de acordo com a PNAD Contínua de 2018	11,9% (média da população)	13,8% e 14,6%

Fonte: Elaborado com base em Caleiro, 2018.

De acordo com a pesquisa do Instituto Ethos, realizada em 2016, com as 500 maiores empresas do Brasil, pessoas negras ocupam apenas 6,3% de cargos na gerência e 4,7% no quadro executivo. A presença de mulheres negras é ainda mais desfavorável, quando comparada a dos homens negros: elas representam 1,6% das posições na gerência e 0,4% no quadro executivo. O quadro só muda nas vagas de início de carreira ou com baixa exigência profissional, como em nível de aprendizes (57,5%) e *trainees* (58,2%) (Instituto Ethos, 2016c).

Gráfico 6.1 – Cargos × raça

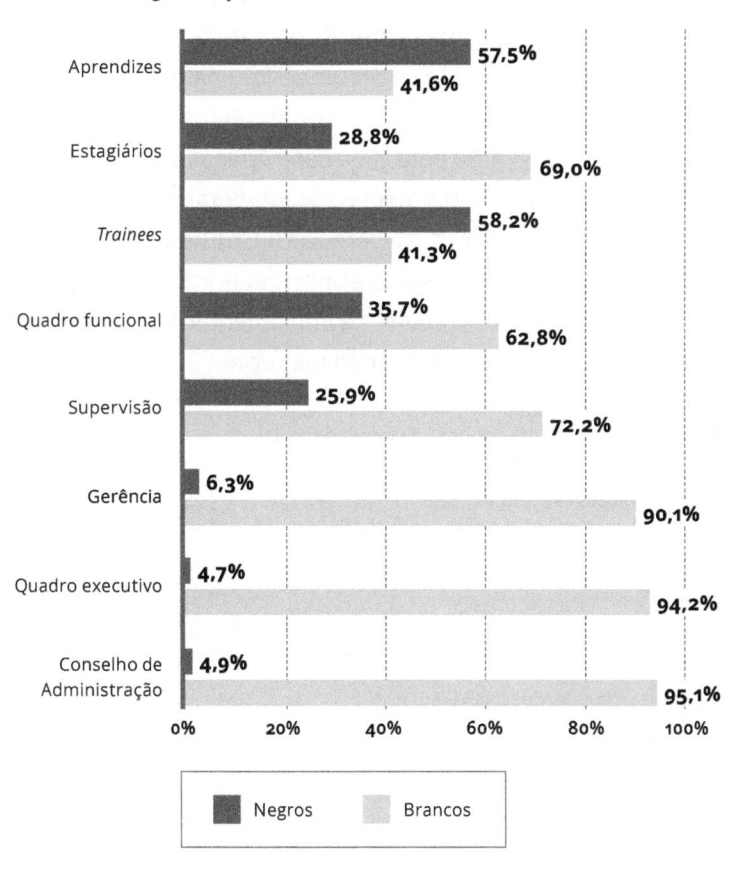

Cargo	Negros	Brancos
Aprendizes	57,5%	41,6%
Estagiários	28,8%	69,0%
Trainees	58,2%	41,3%
Quadro funcional	35,7%	62,8%
Supervisão	25,9%	72,2%
Gerência	6,3%	90,1%
Quadro executivo	4,7%	94,2%
Conselho de Administração	4,9%	95,1%

Fonte: Elaborado com base em Instituto Ethos, 2016c, p. 22.

Quanto à existência de políticas ou ações afirmativas voltadas aos negros, apenas 7,7% do grupo de 117 empresas participantes da pesquisa indicou ter ao menos 1 (Instituto Ethos, 2016c) - ou seja, em números absolutos corresponde a 9 organizações, dentre as quais apenas 5 (55,6%) afirmaram dispor de programas de capacitação profissional direcionados a "melhorar a qualificação de negros para assumir postos não ocupados tradicionalmente por eles ou postos de maior nível hierárquico" (Instituto Ethos, 2016c, p. 48).

A adoção de programas específicos para a contratação de negros e o estabelecimento de metas e ações para a redução das desigualdades salariais entre negros e não negros também foram mencionados, com 33,3% para cada item. Apenas uma das empresas da pesquisa indicou ter meta para aumentar a presença dos negros em cargos de direção e gerência (Instituto Ethos, 2016c).

O gráfico que segue resume as principais informações apresentadas pela pesquisa, relativas à implementação de ações voltadas para a promoção de diversidade racial.

Gráfico 6.2 - Ações voltadas para diversidade racial

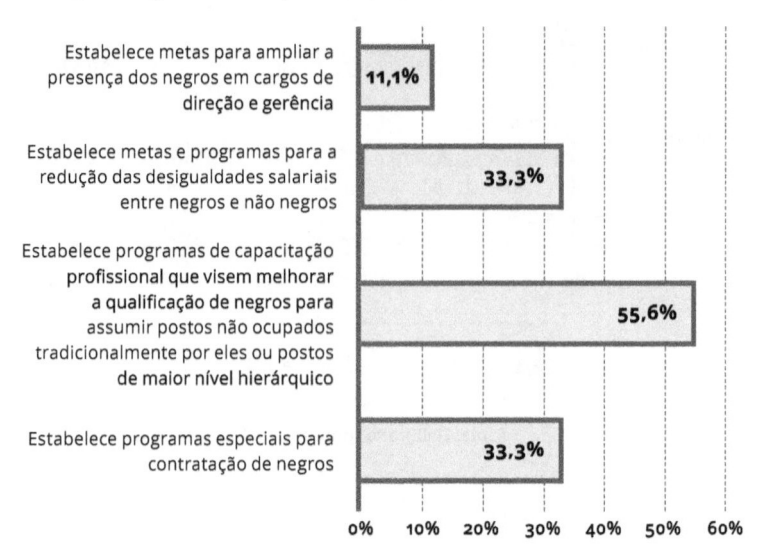

Ação	%
Estabelece metas para ampliar a presença dos negros em cargos de direção e gerência	11,1%
Estabelece metas e programas para a redução das desigualdades salariais entre negros e não negros	33,3%
Estabelece programas de capacitação profissional que visem melhorar a qualificação de negros para assumir postos não ocupados tradicionalmente por eles ou postos de maior nível hierárquico	55,6%
Estabelece programas especiais para contratação de negros	33,3%

Fonte: Elaborado com base em Instituto Ethos, 2016c, p. 48.

Considerando-se o histórico das pesquisas realizadas pelo Instituto Ethos sobre diversidade, de 2003 até hoje, os dados do conjunto *Perfil social, racial e de gênero das 500 maiores empresas do Brasil e suas ações afirmativas* (Instituto Ethos, 2016c) evidenciam uma baixa participação negra nas organizações do país. Faz sentido, nesse contexto, debater criticamente a valorização da diversidade étnico-racial para compreender o Brasil e as desigualdades estruturantes de seu quadro social. Na busca de materiais teóricos sobre os tipos de diversidade para a composição desta obra, a menor quantidade encontrada referia-se à diversidade étnico-racial nas organizações.

De acordo com Germano (2019), algumas das críticas mais comuns direcionadas ao gerenciamento da diversidade com foco em questões raciais são:

» não se concentra o suficiente em questões raciais, mostrando falta de sensibilidade e reprimindo as experiências e lutas de minorias e grupos desfavorecidos;
» reduz o conceito de etnia a uma construção simples, fácil de entender e ser explicada em programas de treinamento e ações pontuais;
» preocupa-se, de maneira exagerada e egocêntrica, com a estratégia de negócios, já que utiliza argumentos geralmente favoráveis a estes em vez de questões éticas e morais;
» coloca em segundo plano as desigualdades sociais e ignora suas bases históricas e estruturais, bem como a influência facilitadora do contexto social e organizacional.

Sobre o tema, Cavazotte, Humphrey e Sleeth (2004) apontam alguns estudos que identificaram pouco ou nenhum efeito positivo e, até mesmo, efeitos negativos da diversidade racial em grupos de trabalho. Um grupo, por exemplo, pode não alcançar níveis ótimos de cooperação por ser prejudicado por diferenças culturais e estereótipos específicos associados à diversidade racial. Alguns modelos, de acordo com os autores, demonstram que a simples apresentação de um estímulo a uma pessoa pode gerar uma resposta de categorização automática e espontânea, discriminando integrantes de determinado grupo social. Nessa perspectiva, "as pessoas se recordam com mais frequência de informações positivas sobre membros de seu grupo social do que de não membros [...]. [...] os indivíduos tendem a ser mais solidários e atentos com relação a seus congêneres" (Cavazotte; Humphrey; Sleeth, 2004, p. 3).

Com base no exposto, percebe-se a importância da atuação da área de recursos humanos (RH) na gestão da diversidade racial, tema que aprofundaremos a seguir.

6.2 Gestão de RH na diversidade racial

Existem hoje indicadores para promover a equidade racial, fruto de uma parceria entre o Instituto Ethos e o Centro de Estudos das Relações de Trabalho e Desigualdade (Ceert). Os principais objetivos dessa parceira no tocante à equidade são:

» Estimular a promoção da diversidade com foco em equidade racial;
» Oferecer orientação sobre como incorporar a questão racial nas práticas e estratégias de negócio das empresas;
» Identificar boas/melhores práticas de promoção da equidade racial que poderão ser replicadas pelas empresas associadas ao Instituto Ethos e demais interessadas no tema. (Instituto Ethos, 2016b)

Os indicadores estão distribuídos em três dimensões: (1) governança e gestão; (2) social; e (3) promoção da diversidade e da equidade. Na sequência, enfocaremos apenas aqueles indicadores que podem ser impactados diretamente por ações orientadas à área de RH da empresa (Instituto Ethos, 2000). Como a comunicação é de extrema importância para a promoção da diversidade e da equidade, analisaremos ações direcionadas a esse fim.

O tema racial deve constar no código de conduta da empresa, para que seja consultado por todos os colaboradores. Além disso, é preciso comunicar aos empregados, de forma adequada, os objetivos e os resultados esperados com as ações de promoção da equidade racial, publicando dados qualitativos e quantitativos sobre essas iniciativas.

Outra medida que tem se mostrado eficiente é viabilizar grupos de afinidades e organizar encontros em que os empregados, de diferentes níveis hierárquicos, são convidados a tomar consciência e a abandonar ideias ou condutas preconceituosas. Envolver empregados de diferentes áreas e etnias no diálogo e nas ações para a promoção da equidade racial é uma medida igualmente eficaz.

A área de RH pode, ainda, elaborar e empreender ações de comunicação contra o racismo e o assédio moral, salientando a importância da equidade racial e provocando reflexões sobre o tema nos diferentes níveis hierárquicos. Nesse contexto, a empresa também deve analisar elementos de pesquisa de clima organizacional com foco na questão racial e aplicar iniciativas para atrair talentos negros em universidades.

A liderança deve ser um fator de atenção e cuidado quando se trata da **promoção de diversidade**. É necessário que o RH possibilite a presença proporcional de mulheres e homens negros nas instâncias de liderança para estimular que as decisões considerem a promoção da equidade racial. Ademais, é primordial que os líderes tenham uma postura ativa na criação de uma cultura que favoreça a diversidade.

No que concerne ao recrutamento e seleção e ao desenvolvimento, deve-se garantir a igualdade de oportunidades contemplando a equidade racial. É necessário haver medidas que promovam a inserção – por meio de programas de recrutamento e seleção direcionados – e a ascensão profissional de negras e negros, com a criação de um ambiente que valorize essa diversidade. Como explicamos, as mulheres negras são as que mais sofrem com a desigualdade no trabalho, sendo sub-representadas, mal remuneradas e com pouca representatividade nos cargos de decisão. Sua inserção e ascensão devem ser, portanto, foco de políticas de equidade racial (Instituto Ethos, 2000).

Conforme consta na *Cartilha pela diversidade de raça*, existem bancos de currículos e consultorias de seleção especializadas que têm sido utilizados para aumentar a diversidade racial, como:

- » CEERT – Centro de Estudos das Relações de Trabalho e Desigualdade
- » Comunidade Empodera
    [...]
- » ID_BR – Instituto Identidades do Brasi
- » Faculdade Zumbi dos Palmares (KPMG, 2018, p. 12)

Essa cartilha foi elaborada pela KPMG e pela Faculdade Zumbi dos Palmares, em 2018, e cita alguns exemplos de empresas com ações inclusivas. Por exemplo, a Dow Química objetiva aumentar o percentual de negros nos programas de estágio e desde 2018 fixou metas de contratação desse público. O Bradesco estabeleceu uma parceria com a instituição Zumbi dos Palmares e efetivou mais de 200 profissionais formados por ela. Como resultado das ações e dos indicadores estabelecidos, "o Bradesco registrou um crescimento de 85% na contratação de negros nos últimos dez anos" (KPMG, 2018, p. 12). Suas iniciativas de inclusão foram reconhecidas publicamente em 2020, quando o Bradesco venceu o Prêmio Lugares Incríveis para Trabalhar na categoria "Mais incrível em diversidade e inclusão". Segundo Lazaretti (2020),

> ao longo dos anos, a empresa consolidou Grupos de Afinidade para cada um dos quatro pilares das políticas inclusivas: étnico-racial, gênero, sexualidade e PCDs. Esses grupos reúnem colaboradores voluntários e estão diretamente conectados com o Comitê de Sustentabilidade e Diversidade, do qual participam importantes executivos, como o Presidente e o Presidente do Conselho de Administração.

A empresa deve apoiar o desenvolvimento profissional de todos os seus empregados, "em especial, de negras/os, de modo a promover a inclusão e capacitá-los/as para que possam assumir posições que tradicionalmente ainda não ocupam" (Instituto Ethos, 2016b, p. 25). Ainda, é importante acrescentar, desde a integração, o tema da equidade racial ao conteúdo de seus cursos e treinamentos, a fim de sensibilizar os participantes e capacitá-los para atuar na promoção da equidade e da não discriminação (Instituto Ethos, 2016b).

Na Academia Santander, por exemplo, são realizados "treinamentos de vieses inconscientes para todos os funcionários, uma capacitação específica de vieses para gestores e selecionadores e, ainda, conteúdos de 'habilidades em gestão de pessoas', a partir do eixo 'diversidade'" (KPMG, 2018, p. 13).

Outras medidas eficazes compreendem privilegiar o recorte racial nas iniciativas de capacitação, bem como divulgar as oportunidades de desenvolvimento e oferecer incentivos a cursos internos em função do perfil demográfico de seus empregados e com incentivo à participação de negros. Investir no treinamento e no desenvolvimento de negros e negras, buscando capacitá-los(as) para assumir cargos e postos de trabalho não comumente ocupados por eles, também são estratégias que se fazem urgentes (Instituto Ethos, 2016b).

Com relação a processos de promoção e identificação de talentos, o RH deve avaliar o recorte racial e documentar e avaliar as melhorias no trabalho alcançadas por meio de programas de capacitação específicos, bem como de desenvolvimento de carreira e de lideranças para negros(as) (Instituto Ethos, 2016b). É preciso gerir e acompanhar os progressos da organização nesse sentido, ou seja, a transparência no tratamento da equidade racial e sua evolução ao longo dos anos. Deve-se coletar dados e avaliar os "mecanismos de monitoramento e divulgação de ações e políticas para promoção da equidade racial e não discriminação, de forma integrada com temas de sustentabilidade e gestão de pessoas, e com desempenho financeiro" (Instituto Ethos, 2016b, p. 9).

Entre os indicadores importantes que devem implantados e acompanhados pela área de RH estão (Instituto Ethos, 2016b):

» Inserção e ascensão de mulheres negras no quadro funcional conforme os diferentes níveis hierárquicos.
» Monitoramento da diversidade e de possíveis desigualdades que afetem grupos em desvantagem.
» Estabelecimento e acompanhamento de metas para reduzir a diferença de proporção entre os cargos ocupados por mulheres e por homens, e por negros(as) e brancos(as) nos quadros de gerência e executivos.
» Monitoramento e divulgação da composição do quadro funcional, contemplando dados de raça nos diferentes níveis

hierárquicos, os cadastros de recrutamento, os participantes da seleção e a quantidade de admissões.

» Identificação de mulheres negras e acompanhamento de sua trajetória, verificando, ainda, denúncias de assédio moral.
» Monitoramento e análise de pesquisas de clima e de canais de denúncia, destacando o recorte de mulheres negras.
» Apresentação, quando ocorrer, da evolução nos índices de presença desse segmento no quadro funcional, na participação em treinamentos e capacitações ou na ocupação de cargos de liderança.
» Realização de censo interno periódico, com análise de perfil e trajetória de seus(suas) empregados(as), evidenciando os recortes e dados raciais e sua intersecção com os de gênero, utilizando essa análise para subsidiar as políticas.

A área de RH precisa se manter atenta ao cumprimento da legislação brasileira contra a discriminação, identificando e combatendo comunicações e comportamentos que não favoreçam a equidade de oportunidades no ambiente interno e na relação com clientes, fornecedores e comunidade do entorno. Deve fomentar a diversidade e eliminar práticas discriminatórias, tanto em relação à mobilidade interna quanto a processos de seleção, admissão e promoção.

Nessa perspectiva, é fundamental que a empresa, preferencialmente por meio de sua área de RH, avalie seu desempenho no quesito direitos humanos e verifique oportunidades de melhoria para sua gestão. Para tanto, deve promover auditorias nas operações sobre sua responsabilidade e monitorar sua esfera de influência, envolvendo formalmente sua cadeia de valor nesse processo de diversificação – clientes e fornecedores, por exemplo.

Segundo Scherer (2018), "a consultoria KPMG e a ONG Afrobras chegaram a uma lista de boas práticas para a promoção da equidade de oportunidades e a diversidade no mercado de trabalho entre pessoas de diferentes etnias, raça ou tons de pele". As 10 práticas mais frequentes nessa direção estão listadas a seguir, conforme Scherer (2018).

1. **Processo contínuo**: A inclusão é um processo contínuo que deve integrar a cultura da organização.
2. **Envolvimento dos gestores**: É necessário sensibilizar os gestores sobre as ações de inclusão e valorização.
3. **Exemplos fortes**: Os gestores em todos os níveis, inclusive os executivos, devem se posicionar favoravelmente às práticas inclusivas. O diretor ou presidente da organização deve exercer protagonismo ou criar um grupo de trabalho em nível de direção que se envolva nas estratégias para a diversidade.
4. **Questão de estratégia**: Manter um cargo ou uma equipe que seja responsável pelas ações relacionadas à diversidade, respondendo diretamente à diretoria da empresa.
5. **Retenção e desenvolvimento**: Implementar treinamentos comportamentais e programas de mentoria, bem como *workshops* sobre vieses inconscientes.
6. **Comunicação inclusiva**: Informar sobre o intento de promover a diversidade racial na empresa e os benefícios esperados. Nesse sentido, é pertinente fazer uma revisão da linguagem empregada quando da divulgação de oportunidades de trabalho e treinamentos.
7. **Honrar a história**: Divulgar a importância de datas referentes a direitos humanos e cidadania dos negros. Isso reforça o contexto histórico e estimula a empatia – por exemplo, o dia 21 de março, quando se celebra o Dia Internacional para a Eliminação da Discriminação Racial.
8. **Grupos de afinidade**: Criar um comitê de diversidade com pessoas que representem diversas áreas e níveis hierárquicos da organização.

9. **Cadeia de valor**: Estimular os integrantes da cadeia de valor da organização no sentido de que adotem iniciativas de promoção da igualdade racial.
10. **Métricas e resultados**: Estabelecer e acompanhar indicadores de diversidade racial ou étnica voltados para processos seletivos, promoções e programas de estágio, por exemplo. Ademais, divulgar os resultados por meio de relatórios de sustentabilidade e responsabilidade social corporativa ou redes sociais.

> A KPMG e a Faculdade Zumbi dos Palmares elaboraram em conjunto uma cartilha para ajudar as organizações a implementarem ações em prol da diversidade racial. A *Cartilha pela diversidade de raça* aborda a história do racismo e traz dados sobre a realidade atual do mercado de trabalho, da educação e da responsabilidade das empresas no contexto social. Ficou curioso? Para saber mais, acesse o *link* a seguir:
>
> KPMG. **Cartilha pela diversidade de raça**. São Paulo: KPMG; Faculdade Zumbi dos Palmares, 2018. Disponível em: <https://assets.kpmg/content/dam/kpmg/br/pdf/2018/11/cartilha-diversidade-raca-2018.pdf>. Acesso em: 11 maio 2021.

Uma vez que diversidade e inclusão têm se tornado pautas recorrentes nas organizações, é possível perceber um aumento nos registros de práticas empresariais orientadas a esses aspectos. *A Cartilha pela diversidade de raça* é um exemplo de publicação que registra e dissemina ações com essa finalidade. Uma pesquisa anual da Fundação Instituto de Administração (FIA) – *FIA Employee Experience* (FEEx) –, que objetiva reconhecer as organizações que investem nos ambientes de trabalho para que sejam saudáveis, agradáveis e produtivos (FIA, 2021), também foca aspectos voltados para a diversidade.

> Caso queira conhecer mais sobre a pesquisa e as práticas de diversidade identificadas, acesse:
>
> FIA – Fundação Instituto de Administração. **Atmosfera FIA**. Disponível em: <https://employeeexperience.fia.com.br/>. Acesso em: 11 maio 2021.

Especificamente a partir de 2020, a Great Place to Work expandiu suas pesquisas sobre práticas de gestão de pessoas por meio de um estudo com foco em práticas étnico-raciais, a "Melhores Empresas GPTW Étnico-Racial", com destaque para as empresas e ações citadas na sequência.

Quadro 6.1 – Empresas e práticas de gestão de pessoas voltadas para questões étnico-raciais

Empresas	Práticas de gestão
Banco Santander	» **Contratação**: Cada departamento apresenta metas de contratação de negros e pardos e cabe ao RH criar peças de comunicação que evidenciem a diversidade étnico-racial, a fim de oferecer representatividade a diversos grupos, e acompanhar o percentual de negros contratados. » **Treinamentos**: Há cursos presenciais e *on-line* para gestores e que incluem a questão racial, como: • "**Diversidade na Prática** (treinamento de 4 h): conhecer o posicionamento de diversidade e inclusão do banco e como neutralizar vieses inconscientes. • **Aqui você pode ser quem você é** (treinamento online 30 min): reconhecer e desconstruir vieses inconscientes que impactam no desenvolvimento de talentos" (GPTW, 2020b, grifo nosso).

(continua)

(Quadro 6.1 – continuação)

Empresas	Práticas de gestão
Banco Santander	» **Participação nos lucros e resultados e avaliação de desempenho**: 40% da avaliação de desempenho é concedida com base em comportamentos, engajamento, cultura de riscos e diversidade. "Em 2019, a meta de diversidade teve um impacto de 8% na nota individual de cada líder" (GPTW, 2020b).
Sabin Medicina Diagnóstica	» Empresa signatária da Agenda Universal proposta pela ONU por meio dos 17 Objetivos para o Desenvolvimento Sustentável (ODS), com ações voltadas para as esferas econômica, social e ambiental. » Atuação em prol de causas inclusivas. Segundo informa: As duas fundadoras da empresa são integrantes do Grupo Mulheres do Brasil, que reúne mulheres de vários segmentos da sociedade e tem como meta encorajar e fortalecer o protagonismo feminino e a igualdade para pretas e pardas, engajar a sociedade civil na conquista de melhorias para o país e defender a igualdade de oportunidades entre gêneros e raça. Nossa Presidência compõe o CEO's Legacy, iniciativa liderada pela Fundação Dom Cabral que reúne os principais CEO's das grandes empresas do Brasil, orientados para a construção de legados relevantes e sustentáveis, capazes de inspirar pessoas, organizações e a sociedade. Na iniciativa, a Presidente do Sabin é uma das componentes do grupo que trata as questões de Diversidade e Inclusão no país e nas empresas, incluindo as questões relacionadas a raça. Mais que ampliar a consciência dos líderes empresariais para a causa, o CEO's Legacy mobiliza profissionais para expandir o seu poder de influência e atuar como agentes do progresso na construção de um mundo melhor. (GPTW, 2020b)
Cisco	» **Diverse Talent Accelerators (DTA)**: Atrai e contrata talentos por meio do mapeamento do mercado de trabalho e pesquisas que objetivam alcançar candidatos diversos. » **Smart Tools**: Possibilita a divulgação das vagas com uma linguagem inclusiva, sem preconceitos, permitindo o alcance de um maior número de candidatos negros e pardos. Em 2019, houve o crescimento de 5,1% nas contratações de representantes desse público na empresa.

(Quadro 6.1 - conclusão)

Empresas	Práticas de gestão
Cisco	» **Pagamento justo**: Ao contratar ou promover pessoas, é feita uma revisão de fatores que podem impactar a equidade de pagamento. Faz parte do *Employers for Pay Equity Consortium*[1] para ajudar a tornar a promessa de pagamento justo uma realidade para todos. » **Reconhecimento**: O reconhecimento dos colaboradores é reforçado por recompensas financeiras, como: • E-mail "Thank You for Being a Star", que distingue os colaboradores que se excederam em seus esforços de criação e apoio a uma cultura de inclusão e diversidade. É enviada aos gestores de colaboradores e aos gestores de gestores uma carta que os reconhece, elogia e que refere os esforços por meio de bons exemplos. • Programa de Reconhecimento de Embaixadores de I&D, que distingue os colaboradores que tenham feito contribuições decisivas, indo além de suas funções no dia a dia para promover uma cultura de inclusão e diversidade na Cisco. (GPTW, 2020b)

Fonte: Elaborado com base em GPTW, 2020b.

....

[1] "O Consórcio de Empregadores pela Equidade de Remuneração é composto por empresas que entendem a importância da diversidade e inclusão, bem como da garantia de que todos os indivíduos sejam remunerados de forma equitativa por trabalho e experiência iguais e tenham as mesmas oportunidades de contribuir e progredir no local de trabalho. Estamos empenhados em colaborar para eliminar as diferenças salariais e de ocupação de cargos de liderança para mulheres e minorias étnicas. Com esse fim, reunimo-nos para compartilhar as melhores práticas em remuneração, contratação, promoção e desenvolvimento de carreira, bem como desenvolver estratégias para apoiar os esforços de outras empresas nesse sentido. Fazendo isso, acreditamos que podemos ter um efeito positivo em nossa força de trabalho, que, por sua vez, fortalece nossas empresas e gera um melhor impacto econômico" (EPE, 2021, tradução nossa).

> Já tinha ouvido falar sobre o CEO Legacy? O que achou da proposta? Caso queira compreender com mais detalhes sua razão de ser e seus fundamentos, indicamos a leitura disponível no *link* a seguir:
>
> FDC CEO's Legacy. **Sobre**. Disponível em: <https://ceoslegacy.fdc.org.br/sobre/>. Acesso em: 11 maio 2021.

Cabe destaque, considerando-se o trio de empresas indicado, a Sabin Medicina Diagnóstica, empresa nacional fundada por duas mulheres: Janete Vaz e Sandra Soares Costa.

O estudo realizado pela Great Place to Work também apresentou alguns indicadores quantitativos interessantes, descritos no quadro a seguir.

Quadro 6.2 – Indicadores quantitativos brasileiros da representatividade de negros nas organizações

População negra no Brasil	56% da população total, segundo o censo de 2019 do Instituto Brasileiro de Geografia e Estatística (IBGE).
Funcionários negros	Nas 10 empresas com melhores práticas, 25% dos colaboradores são negros.
Lideranças negras	» 17% dos cargos de liderança são ocupados por negros. » 5% dos cargos de alta liderança (ou seja, com reporte direto ao CEO) são ocupados por negros.

Fonte: Elaborado com base em GPTW, 2020b.

Podemos perceber, com base nesses dados, uma participação limitada de negros nas empresas pesquisadas, bem como nos cargos de liderança, especialmente em altas posições.

O estudo elaborou uma série de afirmativas e solicitou aos respondentes que indicassem seu nível de concordância com cada uma delas. O gráfico adiante mostra seis afirmativas, três com o maior percentual de concordância e três que obtiveram o menor, considerando-se as empresas que foram premiadas como melhores lugares em termos de diversidade étnico-racial.

Gráfico 6.3 – Percentuais de concordância

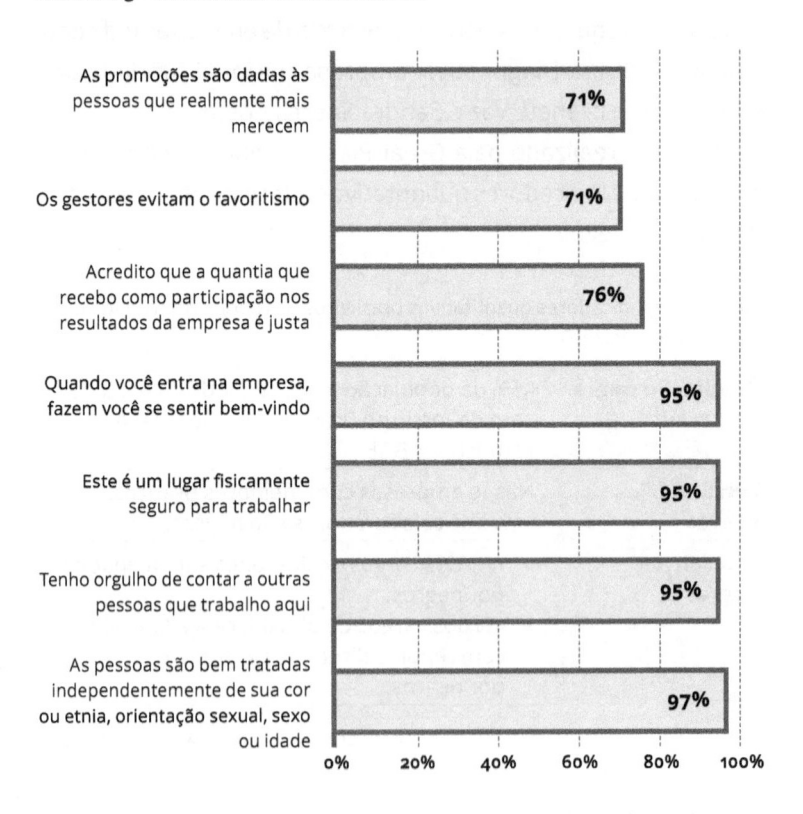

Afirmativa	%
As promoções são dadas às pessoas que realmente mais merecem	71%
Os gestores evitam o favoritismo	71%
Acredito que a quantia que recebo como participação nos resultados da empresa é justa	76%
Quando você entra na empresa, fazem você se sentir bem-vindo	95%
Este é um lugar fisicamente seguro para trabalhar	95%
Tenho orgulho de contar a outras pessoas que trabalho aqui	95%
As pessoas são bem tratadas independentemente de sua cor ou etnia, orientação sexual, sexo ou idade	97%

Fonte: Elaborado com base em GPTW, 2020b.

O maior nível de concordância aparece em itens que indicam respeito à diversidade, segurança, receptividade e orgulho. Por outro lado, os itens com menor grau de concordância referem-se à igualdade, meritocracia e percepção de justiça. É importante que as empresas analisem as informações a fim de verificar se existem alterações nas políticas e práticas da organização sobre os temas indicados.

> Quer conhecer outras empresas e práticas relacionadas à gestão da diversidade étnico-racial? Você pode acessar a íntegra da pesquisa no *link* a seguir:
>
> GPTW – Great Place to Work. **Melhores Empresas GPTW Étnico-Racial 2020**. 2020. Disponível em: <https://rdstation-static.s3.amazonaws.com/cms%2Ffiles%2F2705%2F1591827357GPTW_tnico-Racial_2020.pdf>. Acesso em: 11 maio 2021.

Neste capítulo, analisamos pontos relevantes para a ampliação da discussão sobre diversidade com enfoque racial, ou étnico-racial, como já tem sido tratada por alguns. Além de ações afirmativas, verificamos fatores históricos, educacionais e sociais que interferem na ocupação dos postos de trabalho pelos negros. Vimos, ainda, práticas e indicadores de gestão, em especial de gestão de pessoas, que podem ser utilizados como *benchmarking* por organizações que objetivem ser mais proativas na gestão da diversidade racial. Apesar de já se perceber uma maior preocupação e práticas voltadas à questão, as organizações ainda têm um longo caminho a percorrer.

Outro tipo de diversidade em evidência, não só no âmbito das organizações, mas também da sociedade em geral, é a diversidade de orientação sexual. Vamos compreender mais sobre o assunto no próximo capítulo.

7 Diversidade de orientação sexual

A diversidade de orientação sexual, assim como sua inclusão nas organizações, tem ganhado espaço nos debates corporativos. Trata-se de um assunto atual, dinâmico e que envolve não apenas o âmbito organizacional, mas também outros setores. Apresentaremos, na sequência, um breve histórico sobre esse tipo de diversidade, alguns conceitos e siglas importantes, além de indicadores e ações inclusivas que têm sido empreendidas por empresas.

7.1 O movimento pelos direitos LGBTQIA+: breve histórico

Foi nos Estados Unidos, ao longo do século XX, que surgiu o movimento de defesa dos direitos dos homossexuais. Por volta de 1950, foi criado o "*Mattachine Society*, uma organização política semiclandestina de gays e lésbicas que visava à integração dos homossexuais na sociedade, pois considerava-se que era dado um *status* socialmente marginal ao segmento" (Gomes; Zenaide, 2019, p. 5). Na década de 1960, houve a expansão da militância *gay* nos Estados Unidos, o que influenciou outros países da América e da Europa.

A gênese do movimento homossexual, no Brasil, teve grande influência da cultura e do movimento *gay* norte-americanos, no final dos anos 1970. Um destaque desse período foi a criação, em 1978, no Rio de Janeiro, do Jornal *O Lampião da Esquina*, que foi o mais importante veículo de comunicação sobre homossexualidade de 1978 a 1981 (Gomes; Zenaide, 2019).

Com o início da abertura política em 1985 e a redemocratização em 1988, "surgiram inúmeros grupos homossexuais, em São Paulo, que se espalharam pelo país e, em 1980, tiveram a coragem de realizar o I Encontro Brasileiro de Homossexuais (EBHO) simultaneamente com o I Encontro de Grupos Homossexuais Organizados (EGHO)" (Gomes; Zenaide, 2019, p. 11).

Segundo os autores, em 1980, foi obtida uma importante conquista pelo movimento. Até então, as homossexualidades constavam no Código Internacional de Doenças (CID) como patologias a serem tratadas e, nesse ano, foram excluídas do catálogo. No Brasil, apesar de, desde 1985, o Conselho Federal de Medicina (CFM) ter acatado essa decisão, ainda é possível ouvir, hoje em dia, discursos de políticos, líderes espirituais e até mesmo psicólogos que pregam algum tipo de "cura *gay*".

A sigla utilizada para representar o movimento também tem sido alterada ao longo dos anos. A primeira sigla que ficou conhecida foi a GLS, criada em 1994 e que significa "*gays*, lésbicas e simpatizantes". No entanto, caiu em desuso porque *simpatizantes* era um termo muito amplo (Santos, 2020).

> Foi no ano de 2005, no XII Encontro Brasileiro de Gays, Lésbicas e Transgêneros, que a letra "b", de bissexuais, passou a fazer parte oficialmente da sigla, tal como foi onde ocorreu a conciliação de que a letra "t" passaria a referir igualmente aos indivíduos travestis, transexuais, e transgêneros dentro da comunidade. Posteriormente, a sigla LGBT (lésbicas, gays, bissexuais, travestis, transexuais e transgêneros) se tornaria a denominação oficial, conforme aprovado pela I Conferência Nacional GLBT (gays, lésbicas, bissexuais, travestis, transexuais e transgêneros). Mesmo que uma decisão recente, a sigla continua em mudança. Nos meios de militância, ainda surgem novas letras para representar novas homossexualidades, como o "i" de intersex, o "q" de *queer* e o "a" de agêneros e assexuados. (Bortoletto, 2019, p. 10-11)

A sigla LGBTQIA+ é composta por duas partes: (1) "LGB", referente à orientação sexual do indivíduo; e (2) "TQIA+", referente ao gênero.

Quadro 7.1 – Orientação sexual e identidade de gênero: significados

Orientação sexual	Identidade de gênero
» **L (Lésbicas)**: "Pessoa cis ou trans que se identifica no gênero feminino e se relaciona afetiva e/ou sexualmente com outras pessoas do gênero feminino" (Santos, 2020). » **G (*Gays*)**: "Pessoa cis ou trans que se identifica no gênero masculino e se relaciona afetiva e/ou sexualmente com outras pessoas do gênero masculino" (Santos, 2020). » **B (Bissexuais)**: Pessoas que não têm preferência sexual por um gênero específico.	» **T (Transexual, travesti e transgênero)**: Pessoas que não se identificam com o gênero, masculino ou feminino, que lhes foi atribuído no nascimento com base nos órgãos sexuais. » **Q (Questionador ou *Queer* – "estranho" em inglês)**: Pessoas que não se identificam com padrões impostos pela sociedade e transitam entre os gêneros, sem concordar com rótulos e/ou definir seu gênero/orientação sexual. » **I (Intersexuais)**: Pessoas que apresentam variações em cromossomos ou órgãos genitais que não lhes permitem ser distintamente identificadas como masculino ou feminino. Antes, eram chamadas de *hermafroditas*. » **A (Assexuais)**: Pessoas que não sentem atração sexual.

Fonte: Elaborado com base em Santos, 2020.

Neste livro, adotaremos a sigla LGBTQIA+, uma vez que o "+" indica a possibilidade de inclusão de novas orientações sexuais e identidades de gênero (Bortoletto, 2019). Salientamos, contudo, que a sigla ainda está sujeita a mudanças.

No decorrer deste capítulo, citaremos outras siglas, correspondentes a nomenclaturas empregadas por distintos autores em diversos estudos e movimentos, representando um momento específico da evolução da terminologia. Ainda, destacamos que este capítulo poderia ser intitulado "Diversidade de orientação sexual e identidade de gênero", visto serem estas noções diferentes, ainda que agregadas em uma mesma sigla. Se optamos por "Diversidade de orientação sexual", é porque tomamos esta expressão como mais abrangente e de uso mais recorrente na língua portuguesa.

7.2 Conceitos relevantes na diversidade de orientação sexual

O sistema binário de gêneros, homem e mulher, segundo Bento (2006, citado por Rabelo; Nunes, 2017, p. 84), "produz e reproduz a ideia de que o gênero reflete o sexo". Todavia, a sexualidade humana é constituída por componentes diversos, além do biológico. Nunan (2003, p. 19, citado por Rabelo; Nunes, 2017, p. 84) faz a seguinte conceituação:

a. sexo biológico – ser macho, fêmea ou intersexual anatomofisiologicamente;
b. orientação sexual – atração por pessoas do sexo oposto ou do mesmo sexo biológico, isto é, ser heterossexual, bissexual ou homossexual;
c. identidade de gênero – ser mulher ou homem;
d. papel de gênero – comportar-se de forma feminina, masculina ou andrógina, que seria o papel feminino e masculino simultaneamente.

A figura a seguir ilustra mais claramente esses conceitos.

Figura 7.1 – Identidade de gênero, orientação sexual e sexo biológico

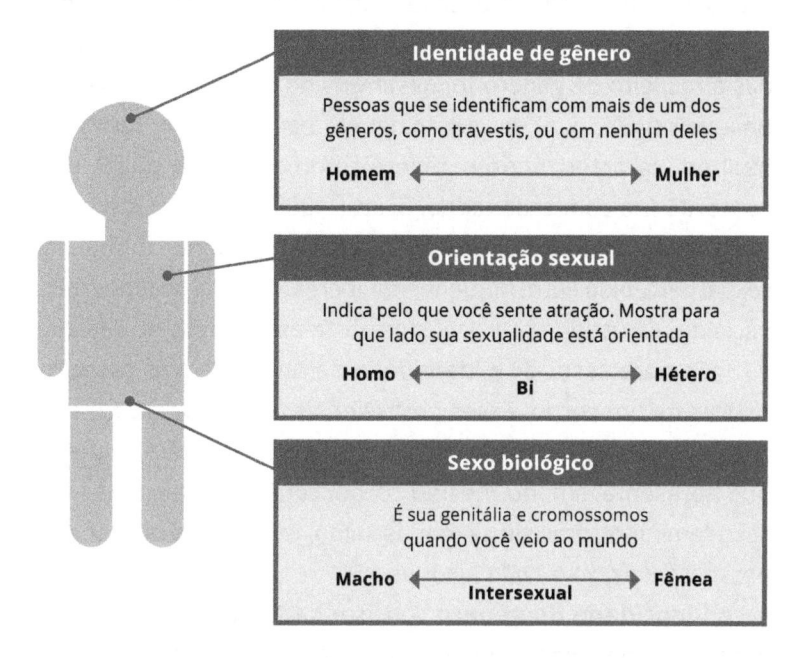

Identidade de gênero

Pessoas que se identificam com mais de um dos gêneros, como travestis, ou com nenhum deles

Homem ←——————→ Mulher

Orientação sexual

Indica pelo que você sente atração. Mostra para que lado sua sexualidade está orientada

Homo ←——————→ Hétero
Bi

Sexo biológico

É sua genitália e cromossomos quando você veio ao mundo

Macho ←——————→ Fêmea
Intersexual

O ser humano "normal" costuma ser representado por um indivíduo branco, cristão, sem deficiências, homem, viril e ativo. Nessa perspectiva, qualquer pessoa que se diferencia em quaisquer desses aspectos, abandonando o perfil de "macho" dominante, é julgada como "anormal". Diferentemente dos outros tipos de minorias (negros, mulheres, deficientes), as quais são estigmatizadas em virtude de suas características físicas e mentais, os homo e bissexuais são reconhecidos por um desvio de conduta moral que poderia comprometer seu desempenho profissional (Irigaray, 2007).

No Brasil, no sentido de combate à discriminação por identidade de gênero e orientação sexual, foi criada a Resolução n. 12, de 16 de janeiro de 2015, pelo Conselho Nacional de Combate à Discriminação e Promoção dos Direitos de Lésbicas, *Gays*, Bissexuais, Travestis e Transexuais (CNCD/LGBT) (Brasil, 2015b).

Ao redor do mundo, grande parte das conceituações modernas a respeito de gênero foi desenvolvida com base na fala de Beauvoir (1980, p. 9) de que "ninguém nasce mulher, torna-se mulher", caracterizando o gênero como construto social. Em concordância com essa teoria, Scott (1988) defende que a palavra *gênero* refere-se a uma organização social sobre a diferença sexual percebida entre homens e mulheres. Trata-se de um termo inicialmente usado por psicólogos norte-americanos na década de 1960 para associar a identidade de um gênero às características de um corpo. Esses profissionais tinham interesse em compreender as pessoas com "sexo ambíguo", ou seja, aquelas que apresentavam, no mesmo corpo, características tanto do sexo feminino como do sexo masculino, conhecidas hoje como pessoas *intersexo* ou *não binárias*.

A **identidade de gênero** consiste na "percepção que uma pessoa tem de si como sendo do gênero masculino, feminino ou de alguma combinação dos dois, independente de sexo biológico. Trata-se da convicção íntima de uma pessoa de ser do gênero masculino (homem) ou do gênero feminino (mulher)" (ABGLT, 2021, p. 16), o que pode resultar em transformações da aparência ou de funções físicas mediante remédios, hormônios, intervenções médicas ou cirúrgicas, bem como na adoção de expressões de gênero, incluindo modo de se vestir, falar e agir.

Já a **expressão de gênero** é descrita pela Gay & Lesbian Alliance Against Defamation (Glaad, 2016-2017) como a maneira pela qual uma pessoa manifesta abertamente sua identidade de gênero perante a sociedade – por meio de seu nome, vestimenta, corte de cabelo, maneira de se comportar, voz e/ou características corporais e de como se relaciona com outros sujeitos. O termo *gênero* nem sempre corresponde ao sexo biológico, sendo a representação de como o indivíduo se reconhece. Os três tipos principais de identidade de gênero são:

1. **Cisgênero**: Identificação pessoal do indivíduo com o gênero de nascimento, ou seja, o homem ou a mulher cis se entendem como tais a partir de seu sexo biológico.
2. **Transgênero**: Pessoas que transitam entre os gêneros, fazendo a transição efetiva de um gênero para o outro.
3. **Não binários**: Não se identificam com nenhum dos gêneros estabelecidos socialmente, ou seja, não se reconhecem nem como mulher nem como homem, podendo transitar entre os dois. São também chamadas de *intersexuais* ou *genderqueer*, fugindo de papéis e padrões sociais de "homem-mulher" e empregando, inclusive, pronomes de gênero neutro, representados pela letra "x" ou pelo símbolo "@". Por exemplo: *prezadxs* e *prezad@s* em vez de *prezados*.

> Já chegaram até você comunicações com alguma dessas formas: *Carxs*, *Car@s* ou *Cares*? É uma tendência utilizar a grafia neutra em organizações que adotaram a diversidade de gênero, até como modo de manifestar respeito às pessoas de orientações sexuais diversas.

A orientação sexual não pode ser confundida com a identidade de gênero. Além disso, a terminologia adequada, cabe enfatizar, é *orientação sexual*, e não *opção sexual*, que retrata a inclinação do indivíduo no sentido de atração afetiva, sexual e amorosa, ou seja, por qual gênero/sexo ele se atrai. Não se pode, também, limitar a orientação sexual à heterossexualidade ou à homossexualidade, pois existem outras categorias, representadas pela sigla LGBTQIA+, como já explicamos.

7.3 Percepções sobre a comunidade LGBTQIA+ na sociedade e no mundo do trabalho

A discriminação contra homossexuais não é algo novo, pois constitui um contexto histórico mais amplo, que precisa ser compreendido. Irigaray e Freitas (2011) indicam que, ao longo dos séculos, a homossexualidade foi considerada crime, pecado e patologia tanto por entidades científicas quanto religiosas. Diversas foram as ações discriminatórias cometidas, como atitudes (explícitas ou veladas) de repulsa por homossexuais e homofobia (desejo de punição).

No segundo caso, o da homofobia, embora se perceba atualmente uma "aceitação" da homossexualidade, manifestam-se, mesmo que inconscientemente, "sentimentos, ideias e atitudes negativas contra os homossexuais e a homossexualidade" (Irigaray; Freitas, 2011, p. 627), cujas origens são a crença "da superioridade da orientação heterossexual" (a heteronormatividade) e a exclusão de não heterossexuais de políticas públicas e organizacionais, o mesmo ocorrendo em relação a eventos e atividades sociais. Não sendo explícita, a heteronormatividade estigmatiza, nega e sufoca toda manifestação cultural não heterossexual, como "a própria demonstração de afeto em público e na mídia" (Irigaray; Freitas, 2011, p. 627).

Sobre o assunto, Rabelo e Nunes (2017, p. 84) comentam:

> A heteronormatividade é, conforme Tauches (2006), uma forma de acepção cultural que torna o padrão heterossexual a forma normal e superior, levando à presunção de que todas as pessoas são,

ou deveriam ser, heterossexuais. A crença em uma sexualidade normal e natural leva à intolerância contra comportamentos sexuais que fogem a essa ordem, pois abalam essas verdades.

Conforme afirmam Irigaray e Freitas (2011), na sociedade brasileira, a homofobia e a heteronormatividade resultam da construção das masculinidades e feminilidades na vida familiar e cultural, podendo ser observadas, por exemplo, em manifestações artísticas, como em canções e filmes. Essas práticas "impedem que os homossexuais vivam plenamente suas vidas afetivo-sexuais, bem como criam barreiras para que os mesmos se insiram e ascendam no mundo corporativo" (Irigaray; Freitas, 2011, p. 627). Os autores esclarecem que as categorias que não pertencem ao universo masculino, caucasiano e heterossexual são estigmatizadas pela mídia e pelas organizações, pois institucionalizou-se um modelo de "normal", "natural" e "comum" (Foucault, 1994, citado por Irigaray; Freitas, 2011). Dessa forma, aqueles que não se encaixam nessas categorias são alvo de estigmatização social.

> Você já parou para refletir sobre a importância de entender os conceitos de homofobia e heteronormatividade quando se discute diversidade no ambiente de trabalho? A intolerância às diversas orientações sexuais estimula práticas de assédio moral, compromete a dignidade dos indivíduos e aumenta seu nível de estresse (Irigaray, 2007).

Os grupos LGBTQIA+ ganharam espaço nas empresas que se abrem para a inclusão de profissionais que queiram deixar clara sua identidade sexual, aderindo a políticas de defesa desses sujeitos, como Carrefour, International Business Machines (IBM), Procter & Gamble (P&G), Accenture, Basf, Caixa Econômica

Federal, HSBC, General Electric (GE), DuPont, Pfizer, Whirlpool e Monsanto.

De acordo com Bell et al. (2011), revelar sua orientação sexual, ser demitido e não ter benefícios para o parceiro são apenas algumas das preocupações específicas de empregados LGBTQIA+. Segundo Mickens (1994), nota-se grande temor sobretudo no ato de desvelar a orientação sexual. Algumas das questões que aparecem são:

» Como será que meu chefe e meus colegas de trabalho reagirão se eu for honesto(a) sobre mim?
» Perderei meu emprego?
» Minha carreira estará em perigo?
» Serei agredido fisicamente?

Mickens (1994) adverte que um grande erro de uma organização é ignorar as questões lésbicas e *gays* devido à opção tradicional pelo silêncio. Práticas de gestão de recursos humanos solidárias, que encorajam a abertura de indivíduos LGBTQIA+ e rejeitam as condutas discriminatórias, podem fazer a diferença nesse cenário (Bell et al., 2011). Programas de diversidade que incluam a orientação sexual também oferecem vantagens para as empresas, como apontam alguns estudos norte-americanos. Segundo Day e Greene (2008), criar uma cultura na qual trabalhadores *gays* e lésbicas sintam-se confortáveis em assumirem sua orientação sexual suscita menor medo de discriminação e, potencialmente, melhor produtividade e sucesso organizacional.

Para Rabelo e Nunes (2017, p. 85), quanto à decisão de expor a orientação sexual, esta deve ser observada "no contexto das consequências que são percebidas pelos trabalhadores homossexuais. Essas percepções são influenciadas pelo ambiente, sendo que ambientes que oferecem segurança e colegas solidários podem reduzir os temores associados ao *coming out*". *Coming out* significa, literalmente, "sair do armário", ou seja, assumir sua sexualidade publicamente. No quadro a seguir, apresentamos alguns fatores que contribuem para que os homossexuais permaneçam ou "saiam do armário".

Quadro 7.2 – Fatores que contribuem para que homossexuais permaneçam ou "saiam do armário"

Fatores que levam os homossexuais a não se assumirem	Fatores que levam os homossexuais a se assumirem
Preocupação com o impacto negativo quanto ao trabalho, à carreira e a possíveis promoções.	Política de igualdade de oportunidades que inclui a orientação sexual.
Ausência de homossexuais em cargos do alto escalão.	Presença de homossexuais em cargos do alto escalão.
Más experiências anteriores.	Sentimento de segurança motivado por sinais observados na organização.
Medo de exposição.	Presença de um grupo de homossexuais na organização.
Desejo de privacidade.	Envolvimento em uma rede de apoio sindical voltada para os homossexuais.
Atitudes e comportamentos de colegas do sexo masculino.	Presença de outros homossexuais.
Atitudes fundamentalistas de colegas religiosos.	x
Cultura organizacional.	x

Fonte: Elaborado com base em Rabelo; Nunes, 2017, p. 85.

Mickens (1994) acredita que, garantidas a segurança, a aceitação e a igualdade para todos os empregados, é possível construir um ambiente de trabalho mais harmonioso. A adoção de políticas de recursos humanos inclusivas para LGBTQIA+ também pode ser entendida como uma manifestação da responsabilidade social corporativa (Johnston; Malina, 2008). Na sequência, detalharemos algumas práticas da área de recursos humanos (RH) voltadas para a diversidade de orientação sexual.

7.4 Gestão de RH na diversidade de orientação sexual

A área de RH pode ter um papel de grande relevância no aumento da diversidade de orientação sexual em ações estendidas a todos os seus subsistemas. Day e Greene (2008) indicam intervenções voltadas para recrutamento que podem aumentar a diversidade de orientação sexual, como:

» Receber treinamento sobre questões relativas à orientação sexual de forma a não desencorajar candidatos ou potenciais candidatos com discurso e postura preconceituosos.
» Empregar pessoas de diferentes orientações sexuais como recrutadores.
» Basear-se em critérios objetivos e técnicos na avaliação de candidatos em função de aspectos do trabalho, e não de sua orientação sexual.
» Utilizar o termo *orientação sexual* em vez de *sexo* para que os candidatos se sintam incluídos nas políticas da organização.

Outro ponto importante para promover a diversidade de gênero é conceder benefícios para parceiros de homossexuais (ou de outras orientações de gênero) iguais aos dos parceiros de heterossexuais (Huffman; Watrous-Rodriguez; King, 2008). O quadro a seguir indica algumas empresas e práticas pioneiras na extensão dos benefícios a parceiros de homossexuais.

Quadro 7.3 – Empresas pioneiras na extensão dos benefícios a parceiros de homossexuais

Empresas	Práticas de gestão
Lotus Performance	Foi a primeira companhia – em 1992 – a oferecer benefícios para os(as) parceiros(as) do mesmo sexo de seus(suas) empregados(as).
American Express	Incluiu a orientação sexual em sua política de não discriminação em 1992 e desde 1996 oferta, igualitariamente, benefícios para parceiros(as) de casais homossexuais.
Apple	Iniciou com políticas como a concessão da licença de luto. A inclusão foi estendida para o aconselhamento familiar e a concessão de descontos para membros da família homoafetiva em produtos da companhia. Soma-se a isso a negociação de benefícios ligados a plano de saúde e plano dental.

Fonte: Elaborado com base em Pompeu; Pompeu, 2015.

De acordo com Mickens (1994, citado por Pompeu; Pompeu, 2015), outra ação do RH para possibilitar a diversidade de gênero é realizar o treinamento em diversidade, necessário principalmente devido à escassez desse tipo de educação em nossa sociedade. Diante desse contexto, a empresa pode atuar de forma educacional, por meio de treinamentos em diversidade e do encorajamento de funcionários *gays*, lésbicas ou de outras orientações sexuais a serem agentes na promoção de uma educação inclusiva.

A educação pelo exemplo se aplica à atuação de qualquer gestor – independentemente de seu nível hierárquico – no sentido de apoiar um colaborador que deseja assumir sua diversidade de gênero, sendo necessário salientar a inexistência de discriminação no local de trabalho. Mickens (1994, citado por Pompeu; Pompeu, 2015) recomenda aos gestores que ofereçam canais de comunicação a empregados de diversas orientações sexuais e se certifiquem de que todos estão confortáveis e são capazes de trabalhar juntos. É também importante escutar os colaboradores – todos eles –, além de ser igualmente aberto, no sentido de falar, formal ou informalmente, e considerar as preocupações daqueles cujas orientações sexuais são diferentes (Pompeu; Pompeu, 2015).

Com relação à educação, considerando-se o tema *diversidade sexual*, seu impacto é amplificado por testemunhos pessoais, ou seja, pela participação de um colaborador do grupo LGBTQIA+. As empresas podem determinar como obrigatórios a todos a participação em programas de diversidade ou, ainda, apenas aos gestores (Mickens, 1994, citado por Pompeu; Pompeu, 2015).

Pessoas de orientações sexuais diferentes podem, no ambiente de trabalho, começar a criar redes informais. Estas, por sua vez, podem (abertamente ou de maneira velada e informal) formar laços de amizade e de suporte moral. Quando, nas redes, aparece um líder mais corajoso, é comum que os grupos se tornem visíveis e busquem reconhecimento (Mickens, 1994, citado por Pompeu; Pompeu, 2015). Desse modo, a organização precisa decidir se vai continuar ignorando o grupo ou reconhecê-lo e legitimá-lo. Se a empresa é aberta à diversidade de orientação sexual, a decisão normalmente é pelo reconhecimento.

Mickens (1994, citado por Pompeu; Pompeu, 2015, p. 6) apresenta, em sua pesquisa, "algumas orientações para a aplicação das políticas de recursos humanos de diversidade sexual". Aponta, por exemplo, para a importância de haver uma política escrita, específica e que abranja toda a empresa para ser, de fato, efetiva. Deve ainda ser amplamente comunicada na organização (Bell et al., 2011, citado por Pompeu; Pompeu, 2015), assim como repetida e reforçada com frequência para que seja sempre lembrada por todos (Mickens, 1994; Day; Greene, 2008, citado por Pompeu; Pompeu, 2015). A comunicação e a aplicação das políticas devem ser apoiadas pública e constantemente pela alta gerência (Mickens, 1994, citado por Pompeu; Pompeu, 2015).

Segundo pesquisa desenvolvida pelo Instituto Ethos (2016c) com as 500 maiores empresas no Brasil, 19,7% das participantes apresentam alguma política para a promoção de igualdade e oportunidade para o público LGBT. No que concerne aos benefícios, 51,3% delas adotam política de concessão de benefícios iguais para casais do mesmo sexo e 76,10% têm "canais de reclamação (como ouvidoria e escritório de *ombudsman*) para receber e solucionar queixas em relação a problemas como assédio moral e casos de preconceito de raça, gênero, idade, orientação sexual e identidade de gênero".

> Quer saber como abordar a diversidade de orientação sexual? Confira o *Manual orientador sobre diversidade*, uma cartilha cujos conteúdos podem contribuir enormemente para a formação e a informação acerca das questões de gênero. A publicação é do Ministério dos Direitos Humanos e foi lançada em 2018, ou seja, é bastante atual.
>
> BRASIL. Ministério dos Direitos Humanos. **Manual orientador sobre diversidade**. Brasília, 2018. Disponível em: <https://www.mdh.gov.br/todas-as-noticias/2018/dezembro/ministerio-lanca-manual-orientador-de-diversidade/copy_of_ManualLGBTDIGITAL.pdf>. Acesso em: 11 maio 2021.

Por exemplo, o Grupo Cataratas aplica políticas e práticas voltadas para a diversidade de orientação sexual por meio do Programa Multicor, que busca inserir e integrar pessoas transgêneros no quadro funcional da empresa. Lembrando que **transgênero** é a pessoa que não se identifica com o gênero que lhe foi designado ao nascer, sendo este culturalmente associado ao sexo biológico. A identidade de gênero é, portanto, a maneira como o indivíduo se enxerga, como se apresenta e define sua própria identidade.

O projeto teve início em 2019 e contratou profissionais transgêneros para atuar em diferentes áreas da organização. Além de adotar um processo de recrutamento e seleção com foco em transgênero, houve um trabalho de sensibilização de todos os empregados da empresa e também dos gestores para proporcionar o acolhimento dos novos empregados. Soma-se a isso a adequação dos banheiros da empresa em relação às placas que excluíam os transgêneros e a concessão de um plano de saúde com cobertura de tratamento hormonal para transição de gênero (Instituto Ethos, 2020c; Grupo Cataratas, 2020).

A PwC realizou uma pesquisa em 2018 com base na qual foi elaborado o relatório *Out to Succeed: Realising the Full Potential of Your LGBT+ Talent* (em português, "Assuma-se para progredir: percebendo todo o potencial do grupo LGBT+"), o qual apresenta as expectativas dos funcionários LGBTQIA+ para suas carreiras e no que diz respeito à oferta dos empregadores (PWC, 2018). Vale destacar algumas informações:

» Mais de 80% dos funcionários acreditam que o apoio aberto aos integrantes LGBTQIA+ proporcionou à organização um acesso mais amplo aos melhores talentos.

» Com relação aos atributos que tornam uma organização atraente para o talento LGBTQIA+, os três principais foram:
  1. oportunidade de carreira e progressão (100%);
  2. salário competitivo e concessão de outros benefícios financeiros (99%); e
  3. reputação de o empregador ser justo (99%) – por exemplo, ser reconhecido por ser "LGBT+ friendly" (PWC, 2018).

> A pesquisa da PWC é bem mais ampla e possibilita uma melhor compreensão acerca da percepção de inclusão desse grupo. Se você deseja conhecer mais detalhes, indicamos a leitura em:
>
> PWC. **Out to Succeed**: Realising the Full Potential of LGBT+ Talent – Global Survey Finds Businesses Need To Do More to Attract and Support LGBT+ Talent. 2018. Disponível em: <https://www.pwc.com/gx/en/people-organisation/pdf/out next-survey.pdf>. Acesso em: 11 maio 2021.

A Great Place to Work também elaborou um *ranking* com foco em políticas e práticas de gestão voltadas ao público LGBTQIA+, chamado "Melhores Empresas GPTW LGBTQI+" (GPTW, 2020c). Nos resultados da pesquisa de 2020, constam dados quantitativos e qualitativos interessantes sobre tal questão, parte deles disposta na tabela adiante.

Tabela 7.1 – Percentual de colaboradores LGBTQI+

Composição da organização	Percentual de colaboradores LGBTQI+
Quadro geral	2%
Gestão geral	3%
Alta gestão	3%
Conselho de Administração	2%

Fonte: Elaborado com base em GPTW, 2020c.

Tais dados revelam um percentual ainda pequeno de colaboradores que integram o grupo LGBTQI+ no quadro das organizações pesquisadas, não havendo muita variação de participação quanto ao nível que ocupam na estrutura organizacional.

À semelhança dos estudos sobre mão de obra feminina e negra e parda, aqui também foram apresentadas afirmativas às empresas, que precisaram indicar seu nível de concordância com cada uma delas. O gráfico adiante mostra seis afirmativas, três com o maior percentual de concordância e três que obtiverem o menor, considerando as organizações eleitas (cerca de 10) como os melhores espaços de trabalho em termos de diversidade LGBTQIA+.

Gráfico 7.1 – Percentuais de concordância

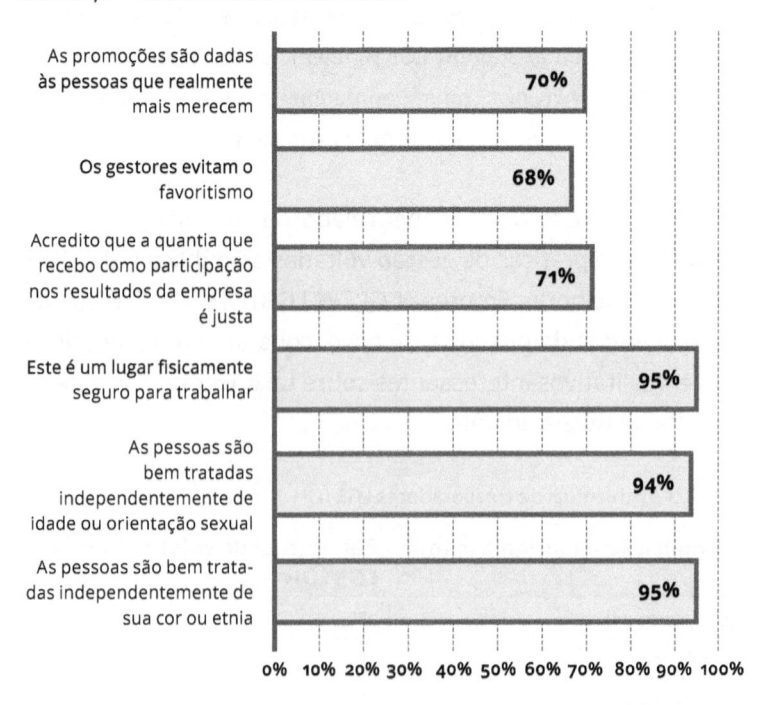

Afirmativa	%
As promoções são dadas às pessoas que realmente mais merecem	70%
Os gestores evitam o favoritismo	68%
Acredito que a quantia que recebo como participação nos resultados da empresa é justa	71%
Este é um lugar fisicamente seguro para trabalhar	95%
As pessoas são bem tratadas independentemente de idade ou orientação sexual	94%
As pessoas são bem tratadas independentemente de sua cor ou etnia	95%

Fonte: Elaborado com base em GPTW, 2020c.

Os maiores percentuais de concordância, como visto, compreendem aspectos referentes à segurança e ao respeito à diversidade. Entre os menores percentuais aparecem aspectos relativos a reconhecimento, recompensa e meritocracia. Ainda que algumas empresas demonstrem atenção e cuidado com os critérios de promoção, aumento e bonificação, nem todos os colaboradores percebem isso.

Outro ponto interessante da pesquisa é que todas as empresas participantes – um total de 93 – têm uma pessoa responsável por combater a discriminação e promover a diversidade e uma política oficial de não discriminação à orientação sexual e ao gênero.

A pesquisa apresenta também algumas práticas mais detalhadas com foco no público LGBTQIA+, das quais destacamos algumas no quadro a seguir.

Quadro 7.4 – Empresas e práticas de gestão voltadas ao público LGBTQIA+

Empresas	Práticas de gestão
IBM	» **Recrutamento**: Devido à dificuldade em encontrar profissionais habilitados para o adequado preenchimento das vagas, foi desenvolvida uma parceria com um hospital público, que presta atendimento exclusivo a pessoas transexuais, para indicação de candidatos. » **Programa de estágio**: É considerado a principal forma de ingresso. Como parte do processo de seleção não são exigidos testes de inglês, isso com o intuito de ampliar a diversidade, incluindo, então, públicos que tiveram dificuldade de acesso a uma educação de qualidade. » **Nome social**: Depois que o candidato aceita a oferta de trabalho, recebe acesso ao sistema de contratação e pode, entre outros dados, informar seu nome social (o mesmo ocorre ainda durante o recrutamento). Depois de admitido, seu registro nos sistemas da empresa pode ser feito com essa designação.

(continua)

(Quadro 7.4 – conclusão)

Empresas	Práticas de gestão
Johnson & Johnson	» **Grupo de afinidades**: Em 2017 foi criado o grupo Open & Out para debater assuntos concernentes à inserção do público LGBTQIA+. Dentre algumas realizações, a Semana de Open & Out propôs sessões abertas para apresentação e discussão de diferentes abordagens do tema. Na semana do evento, o escritório foi decorado com o arco-íris, símbolo da causa LGBTQIA+. » **Benefícios**: O plano de saúde e o seguro odontológico são estendidos aos companheiros de relações homoafetivas. » **Licenças**: Desde 2018, a licença-paternidade foi ampliada para 40 dias úteis e a licença-maternidade para 6 meses, tanto para pais biológicos quanto para pais adotivos e casais homoafetivos. » **Estrutura**: Possui uma área de diversidade e inclusão formal que atua em três frentes: 1. Avançar a cultura de inclusão e inovação, gerando um ambiente mais inclusivo e menos suscetível a vieses inconscientes, 2. Construir uma força de trabalho diversa para o futuro, gerando network via Employee Resources Groups (ERGs) ou grupos de afinidades, e 3. Criar impactos positivos para a reputação corporativa (GPTW, 2020c).
BMS (Bristol Myers Squibb)	» **Eventos**: São realizados almoços temáticos para discussão de assuntos como "Diversidade e aceitação no Ambiente Corporativo; identidade de gênero; preconceitos, discriminação e liberdade para revelar orientação sexual" (GPTW, 2020c). » **Ações para desenvolver um ambiente inclusivo**: Um exemplo é a campanha Possibility Lives, que tem foco comportamental com o objetivo de criar novos hábitos e impactar positivamente a cultura de inclusão. » **Recompensa**: O bônus e a Participação nos Lucros e Resultados (PLR) são definidos e aprovados com base na avaliação de desempenho, que inclui "o comportamento inclusivo, as ações e as métricas de diversidade e inclusão" (GPTW, 2020c).

Fonte: Elaborado com base em GPTW, 2020c.

Com base no exposto, podemos perceber práticas que vão desde a possibilidade de uso do nome social, passando pela extensão de benefícios, até ações de integração e comunicação diversas. As iniciativas citadas podem servir como *bechmarking* para organizações que objetivam se tornar mais inclusivas.

> Quer conhecer outras empresas e práticas relacionadas à gestão da diversidade com foco no público LGBTQIA+? Se sim, você pode acessar a íntegra da pesquisa em:
>
> GPTW – Great Place to Work. **Melhores Empresas GPTW LGBTQI+ 2020**. 2020c. Disponível em: <https://d335luupgsy2.cloudfront.net/cms/files/2705/1592426700GPTW_CONT_Estudo_Lista_LGBTQI2020_VF.pdf>. Acesso em: 11 maio 2021.

7.5 Fórum de Empresas e Direitos LGBTI+

Você já ouviu falar sobre o Fórum de Empresas e Direitos LGBTI+? Ele foi criado em 2013 e tem como propósito "Articular empresas em torno do compromisso com o respeito e a promoção aos direitos humanos LGBT+ no ambiente empresarial e na sociedade" (Fórum de Empresas e Direitos LGBTI+, 2021b). Seus objetivos principais são:

1. Aprimorar práticas de gestão empresarial e gerar efetiva adição de valor para nossas marcas e para a sociedade.
2. Combater a LGBTI+ fobia e seus efeitos prejudiciais às pessoas, aos negócios e à sociedade.

3. Atuar de forma conjunta, articulados no Fórum, para impactar positivamente o ambiente empresarial e a sociedade. (Fórum de Empresas e Direitos LGBTI, 2021b)

Em julho de 2020, eram 20 as empresas signatárias da Carta da Adesão ao Fórum e seus 10 compromissos com os direitos humanos LGBTI+. Dentre as diversas iniciativas do Fórum, destacamos a elaboração desses "10 Compromissos da Empresa para a Promoção dos Direitos LGBTI+, [que] expressam o entendimento sobre o papel das empresas, oferecem uma agenda de trabalho para todos e qualificam a demanda no relacionamento com o Estado e a Sociedade Civil" (Fórum de Empresas e Direitos LGBTI+, 2021a).

Na sequência, apresentamos todos os 10 objetivos e detalhamos alguns deles (mais especificamente, 1, 2, 3, 4, 5 e 8).

Quadro 7.5 – 10 compromissos para a promoção dos direitos LGBTI+

1. **Comprometer-se, presidência e executivos, com o respeito e com a promoção dos direitos LGBTI+**
1.1. **Tratar do tema em falas, documentos e políticas da empresa**: A presidência e demais executivos devem assumir compromisso com a promoção dos direitos LGBT tratando do tema em falas, documentos e políticas da empresa que demonstrem a importância do respeito a todas as pessoas.
1.2. **Não compactuar com a discriminação**: A alta liderança da empresa não deve compactuar com posturas e práticas de discriminação a pessoas LGBT e, sempre que for possível, demonstrar seu repúdio e afirmar seu compromisso com os direitos humanos.
1.3. **Rejeitar a homo-lesbo-transfobia nos negócios e atividades com stakeholders**: Como empregador e no relacionamento com todos os públicos, a presidência e demais executivos devem promover os direitos LGBT, rejeitando a homo-lesbo-transfobia nos negócios e demais atividades da empresa.

(continua)

(Quadro 7.5 – continuação)

1.4. **Tornar públicos seus compromissos e práticas**: A alta liderança da empresa deve tornar públicos seu compromisso e suas práticas de respeito aos direitos LGBT, posicionando-se abertamente e: • contribuindo para elevar o nível de respeito ao segmento na sociedade; • reduzindo riscos de discriminação por orientação sexual e identidade de gênero; • contribuindo para enfrentar a violência e altos índices de assassinatos de pessoas LGBT; • contribuindo para diminuir a vulnerabilidade e obstáculos a serviços de prevenção e tratamento do HIV/aids.
1.5. **Articular-se com outras organizações**: A alta liderança da empresa deve articular-se com stakeholders, outras empresas, governos, organizações e lideranças da sociedade civil no diálogo em torno dos direitos LGBT, sua promoção, defesa e ampliação na sociedade por meio de programas e ações efetivas.
2. Promover igualdade de oportunidades e tratamento justo às pessoas LGBTI+
2.1. **Política e prática de não discriminação no recrutamento e seleção para pessoas LGBT**: Estabelecer políticas e práticas de não discriminação a pessoas LGBT em processos de recrutamento e seleção de empregados(as), com atenção especial a travestis e transexuais.
2.2. **Metas para inclusão de travestis e transexuais**: Estabelecer metas específicas para a inclusão de travestis e transexuais em processos de recrutamento e seleção, realizando ações afirmativas para ampliar a participação do segmento no mercado de trabalho.
2.3. **Revisar ferramentas e procedimentos de recrutamento e seleção**: Revisar ferramentas e procedimentos de recrutamento e seleção que possam oferecer barreiras e discriminar pessoas LGBT.
2.4. **Capacitar profissionais da área de recrutamento e seleção**: Capacitar profissionais da área de pessoas que realizam recrutamento e seleção para melhor entendimento do tema e protagonismo na aplicação prática do compromisso da empresa com a não discriminação.

(Quadro 7.5 - continuação)

2.5. **Revisar ferramentas e procedimentos de avaliação e identificação de potenciais:** Revisar ferramentas e procedimentos de avaliação e identificação de potenciais para desenvolvimento na carreira para o alinhamento com a postura de não discriminação da empresa e a identificação de possíveis posturas discriminatórias.
2.6. **Inserir o tema da orientação sexual e identidade de gênero em censos e pesquisas:** Inserir o tema da orientação sexual e identidade de gênero em censos e pesquisas internas (clima, engajamento, saúde, bem-estar etc.), com os devidos cuidados para não ampliar a discriminação, garantindo que o segmento LGBT seja considerado e os dados possam inspirar a criação de políticas e práticas específicas ou não
2.7. [...].
3. Promover ambiente respeitoso, seguro e saudável para as pessoas LGBTI+
3.1. **Capacitar gestores(as) e equipes:** Capacitar gestores(as) e equipes no tema da diversidade sexual, suas implicações no âmbito do cuidado com a qualidade das relações no ambiente interno da empresa.
3.2. **Implantar ou aprimorar canal de reclamação:** Implantar ou aprimorar canal de reclamação de empregados(as) considerando a diversidade sexual, a vulnerabilidade do segmento LGBT a práticas de discriminação e as necessidades específicas de capacitação dos operadores do canal para lidar com as situações.
3.3. **Definir política de não discriminação e medidas de responsabilização:** Definir política que evidencie compromisso com a erradicação de práticas de discriminação a pessoas LGBT e as medidas a serem tomadas pela empresa com gestores(as), colegas e membros de outros públicos de relacionamento ou stakeholders.
3.4. **Definir política de não discriminação a pessoas vivendo com HIV/aids:** Estabelecer política que trate do tema das pessoas vivendo com HIV/aids, independente de orientação sexual e identidade de gênero, seja essa política específica ou não, mas evidenciando compromisso com a não discriminação.

(Quadro 7.5 – continuação)

3.5. Identificar e incentivar boas práticas de gestão e relacionamento: Identificar e incentivar boas práticas de gestão e relacionamento que promovem direitos humanos e respeitam pessoas do segmento LGBT, dando visibilidade ao tema, aos compromissos da empresa e aos gestores(as) e empregados(as) em geral que praticam inclusão e respeito.

4. Sensibilizar e educar para o respeito aos direitos LGBTI+

4.1. Definir calendário para comunicação interna: Definir ou incluir no calendário da empresa datas relacionadas à comunidade LGBT e sua luta por direitos, trabalhando os temas na comunicação interna.

4.2. Realizar eventos: Realizar eventos internos ou apoio a eventos da comunidade com participação do segmento LGBT, dando visibilidade ao tema da diversidade sexual, ao compromisso da empresa com direitos humanos e sua relevância para o ambiente de trabalho e o relacionamento com todos os stakeholders.

4.3. Tratar do tema na agenda de educação da empresa: Inserir o tema da orientação sexual e identidade de gênero na agenda de atividades educacionais da empresa que formam seus empregados(as) e gestores(as) para que lidem melhor com ele, conheçam o compromisso da empresa e sejam promotores de ambientes inclusivos, respeitosos e livres de discriminação.

4.4. Inserir o tema de forma positiva na comunicação interna: Utilizar, na comunicação interna, mensagens de respeito às pessoas LGBT, imagens e fatos que favoreçam o entendimento sobre sua realidade na ótica de promoção de seus direitos.

5. Estimular e apoiar a criação de grupos de afinidade LGBTI+

5.1. Ampliar diagnóstico, aprendizados e soluções por meio do grupo de afinidade: Ampliar diagnóstico da situação, aprendizados no tema e proposição de soluções que interessem a todos no relacionamento da empresa com seus diferentes stakeholders por meio do grupo de afinidade sobre diversidade sexual.

5.2. Formalizar participação do grupo no sistema de gestão: Formalizar criação ou existência do grupo no sistema de governança das ações de valorização da diversidade ou outros sistemas de gestão da empresa, garantindo que os diagnósticos, proposições e planos de ação sejam considerados institucionalmente.

(Quadro 7.5 – conclusão)

5.3. **Criar meios de diálogo com empregados(as) que não estão na matriz**: Por meio do grupo, estabelecer sistema de diálogo e de escuta das demandas, reclamações e proposições de empregados(as) que não estejam na matriz, prevenindo, resolvendo ou encaminhando os possíveis problemas em relação à temática LGBT na empresa e no relacionamento com diferentes stakeholders.
6. **Promover o respeito aos direitos LGBTI+ na comunicação e marketing [...]**
7. **Promover o respeito aos direitos LGBTI+ no planejamento de produtos, serviços e atendimento aos clientes [...]**
8. **Promover ações de desenvolvimento profissional de pessoas do segmento LGBTI+**
8.1. **Desenvolver e/ou apoiar ações de capacitação de membros do segmento LGBT**: Desenvolver e/ou apoiar ações de capacitação de membros do segmento LGBT, na empresa ou com parceiros de desenvolvimento e qualificação profissional. Atenção especial a travestis e transexuais.
8.2. **Investir no diálogo e apoio a organizações formadoras**: Investir no diálogo e apoio a organizações formadoras (escolas regulares, escolas profissionalizantes, escolas técnicas e universidades, entre outras) para, com elas, promover os direitos LGBT e a valorização da diversidade sexual, favorecendo a inclusão e a erradicação das práticas de discriminação.
8.3. **Criar mecanismos internos visando ao desenvolvimento dos empregados(as) LGBT na carreira**: Criar mecanismos internos, como coaching ou mentoring, entre outros, para favorecer o enfrentamento de barreiras que impedem ou atrapalham o desenvolvimento dos empregados(as) LGBT na carreira.
9. **Promover o desenvolvimento econômico e social das pessoas LGBTI+ na cadeia de valor [...]**
10. **Promover e apoiar ações em prol dos direitos LGBTI+ na comunidade [...]**

Fonte: Fórum de Empresas e Direitos LGBTI+, 2021a.

> Convidamos você a pesquisar sobre os demais compromissos no link a seguir, é só clicar em "Leia Mais":
> FÓRUM DE EMPRESAS E DIREITOS LGBTI+. **10 compromissos**. Disponível em: <https://www.forumempresaslgbt.com/10-compromissos>. Acesso em: 11 maio 2021a.

É possível perceber, após a leitura dos princípios, tanto a necessidade de haver um foco interno – relacionado às práticas de gestão de pessoas e comunicação – como externo – orientado a fornecedores e clientes – a fim de promover ações mais efetivas de inclusão.

Tendo em vista o exposto no capítulo, concluímos que a diversidade de orientação sexual e de identidade de gênero é um tema de compreensão e aceitação complexas (na sociedade e no mercado de trabalho). Embora já estejam em curso algumas iniciativas empresariais, ainda são poucas se comparadas com outros tipos de diversidade.

No próximo capítulo, versaremos sobre outro tipo de diversidade muito presente nos mercados globalizados em que vivemos: a diversidade inter ou multicultural.

8 Diversidade inter ou multicultural

A globalização é resultado da interdependência econômica entre os países e as organizações e impacta na produção e na distribuição de bens e serviços, aumentando a competitividade e os níveis de padrões de desempenho relacionados a qualidade, custo, produtividade, tempo e eficiência operacional. Ao se preocuparem em serem globais, as empresas precisam identificar e avaliar as limitações existentes além das fronteiras geográficas – como culturas, leis e práticas empresariais –, pois uma economia globalizada amplia seu ambiente competitivo.

A interdependência e a complementaridade entre as economias globais possibilitam que empresas transfiram parte de sua produção para países subdesenvolvidos. Você imagina por que isso é feito? Por motivos diversos, entre eles, mão de obra mais barata. Além disso, permite que retenham a propriedade de tecnologias oriundas de Pesquisa e Desenvolvimento (P&D) e se mantenham competitivas no mercado internacional. A internacionalização das empresas se origina na ordem econômica e é motivada pela necessidade de alocação de recursos para sua expansão, visando à eficiência global.

A partir do início da década de 1980, as empresas internacionais passaram a ver a concorrência e a cooperação como pontos importantes para sua gestão (Bohlander; Snell; Sherman, 2003). A expansão do mercado doméstico para o mercado externo é reconhecida como uma opção para ampliar seus negócios e como forma de evitar a estagnação e a dependência do mercado interno. Apresenta, ainda, uma série de outras vantagens, como ampliar as fontes de conhecimento organizacional, proporcionar maior expectativa de desenvolvimento e proteção em relação aos ciclos econômicos do país de origem, obter menores custos de produção e empregar recursos para diminuir os riscos causados pela instabilidade dos ambientes interno e externo (Athayde; Silva, 2019).

As estratégias de internacionalização das empresas precisam identificar em qual país ou países as comercializações, os produtos, os serviços e as transações de recursos irão ocorrer. Após essa análise, as empresas tendem a escolher países com ambientes de operações semelhantes em relação a fatores como cultura, desenvolvimento industrial, educação e práticas de negócios. O objetivo é tentar encontrar menos ameaças e maior oportunidade de aproveitar suas forças (Athayde; Silva, 2019).

> Já ouviu falar sobre a Matriz SWOT, também conhecida como Matriz FOFA? É uma técnica de planejamento muito utilizada nas organizações com foco em avaliar aspectos positivos ou negativos internamente (forças e fraquezas) e externamente (oportunidades e ameaças) para direcionar as ações estratégicas das organizações. Se interessou pelo assunto? Saiba um pouco mais no *link* a seguir:
>
> ENDEAVOR. **Matriz SWOT**: entenda como usar e as vantagens para sua empresa. 15 jan. 2015. Disponível em: <https://endeavor.org.br/estrategia-e-gestao/entenda-matriz-swot/>. Acesso em: 11 maio 2021.

Segundo Bohlander, Snell e Sherman (2003), as organizações se classificam em quatro tipos em função do uso de suas atividades: (1) internacionais, (2) multinacionais, (3) globais ou (4) transacionais.

As organizações **internacionais** são essencialmente domésticas e empregam suas competências para explorar mercados externos. Já as **multinacionais** operam em vários países com unidades de negócios independentes, tendo liberdade para tratar das questões locais. As empresas **globais** são similares às multinacionais, mas com o controle centralizado em seu país de origem. As **transnacionais**, por outro lado, buscam uma rede especializada para realizar o atendimento local e alcançar a escala global (Bohlander; Snell; Sherman, 2003). A interculturalidade em cada uma delas se apresenta de forma ligeiramente diferente.

A diversidade nas organizações resulta na **interculturalidade**, ou seja, um ambiente em que diversas culturas convivem, agem, reagem e se transformam. A interculturalidade proporciona um intercâmbio entre os grupos culturais/étnicos e nacionais, que pode ser marcado por conflitos, distanciamentos, hostilidade e negação, que devem ser acompanhados a fim de assegurar um ambiente de interação e respeito. Mesmo que existam diversas barreiras para o relacionamento intercultural nas organizações, é importante lembrar que os trabalhadores compartilham objetivos comuns, o que os torna parceiros pela interdependência no trabalho (Castro; Pezarico; Bernartt, 2019).

A interculturalidade é formada por vínculos, relações de troca de experiências, valores, ideias e pensamentos, proximidade, diálogo e reconhecimento das diferenças. É um conceito alinhado ao de diversidade, que, como já vimos, fundamenta-se nas diferenças de identidade individual (físicas e culturais) e em sua coexistência em um mesmo ambiente (Robbins; Judge; Sobral, 2010).

Hoje em dia, tendo em vista a globalização, não podemos mais pensar no ambiente organizacional sem considerar os desafios suscitados pela diversidade de forma geral e pela interculturalidade, que se apresentam como questões a serem analisadas nos modelos tradicionais de gestão de pessoas que focam no desenvolvimento e na manutenção de uma cultura organizacional uniforme. A diversidade tem ligação direta com a tolerância, com a aceitação. A partir do momento em que compartilhamos experiências, vivências, com pessoas diversas, criamos oportunidades de compreensão mútua, de resolução de problemas de forma compartilhada e negociada (Freitas; Dantas, 2011).

As relações culturais desenvolvidas nas organizações não são, necessariamente, positivas: podem tanto estimular uma maior eficiência organizacional como gerar uma série de problemas e conflitos quando forem negligenciadas (Freitas; Dantas, 2011).

O gerente de uma organização que se proponha a valorizar a diversidade cultural precisa estar preparado para reconhecer e administrar as tensões que poderão surgir entre os indivíduos. Ser uma empresa inclusiva, que abarca a diversidade cultural, não consiste tão somente em aumentar a quantidade de trabalhadores que façam parte dos grupos de minoria, mas também compreender que diversidade implica aproveitar as diferenças em prol das organizações (Fellows, 2005).

A **cultura nacional** é uma das principais fontes de identidade cultural, moldando a construção de sentidos que influencia e organiza as ações cotidianas, sendo permeada de divisões e diferenças internas, unificada somente por meio de distintas formas de poder cultural. Já a **cultura organizacional** mantém interesses diversos atuando em uma mesma organização e pode estar inserida em um ou mais contextos nacionais. A cultura de um país impacta a cultura organizacional e pode condicionar o desenvolvimento de competências interculturais (Leung; Ang; Tan, 2014).

Trompenaars (1994) classifica o tema *cultura* em três níveis, do mais amplo ao mais específico. O mais amplo diz respeito à cultura de um país ou de uma região; seguido da cultura de uma organização, caracterizada pelas atitudes que ali se manifestam; e, de forma mais específica, a cultura de departamentos e setores específicos das organizações (como finanças, logística, e assim sucessivamente).

A forma como cada cultura opta por resolver seus problemas é o que as diferencia.

> O entendimento da cultura passa por compreender que toda cultura (as pessoas) se distingue das outras por meio de soluções específicas a determinados problemas (desafios). Em geral, esses problemas (desafios) podem ser categorizados de três formas: i) os que

surgem dos relacionamentos com as outras pessoas; ii) os que surgem relacionados com a passagem do tempo; e; iii) os que se relacionam com o ambiente (Fonseca, 2005, Trompenaars e Woollianms, 2003; Trompenaars, 1996, 1994). (Lacerda, 2011, p. 1.293)

Com base nas soluções apresentadas por diferentes culturas aos desafios indicados, sete dimensões fundamentais da cultura podem ser identificadas, conforme apresentadas no quadro a seguir.

Quadro 8.1 – Sete dimensões fundamentais da cultura com base em desafios universais

Desafios	Dimensões
Problemas de relacionamentos com as pessoas	1. Universalismo/Particularismo (regras *versus* relacionamento)
	2. Individualismo/Coletivismo (grupo *versus* individual)
	3. Neutro/Emocional (a variedade de sentimentos expressos)
	4. Específico/Difuso (a variedade de envolvimentos)
	5. Conquista/Atribuição (como se confere *status*)
Problemas de relacionamentos com a passagem do tempo	6. Atitudes em relação ao tempo (presente, passado e futuro)
Problemas de relacionamento com o ambiente	7. Atitudes em relação ao ambiente (direcionada interna e externamente)

Fonte: Elaborado com base em Lacerda, 2011.

Quanto ao relacionamento com as pessoas, existem cinco dimensões que, de forma geral, abordam dilemas relacionados a uma visão do todo ou de partes, realizações conquistadas e atuais, adoção de abordagens mais racionais ou emocionais (Lacerda, 2011).

Outra dimensão relevante é o impacto do tempo. Em algumas sociedades, importa o que foi conquistado no passado; em outras, são fundamentais os planos para o futuro. Há culturas em que o tempo é percebido como uma série de eventos consecutivos, ao passo que outras o percebem como algo fluido, ou seja, o passado e o presente caminham ao lado de possibilidades futuras (Paiva; Rodrigues, 2012). As diversas percepções sobre o tempo impactam assuntos organizacionais distintos, como planejamento, estratégia, investimento, estratégias de gestão de pessoas e posições sobre desenvolvimento interno nas empresas.

> No Japão existe um grande respeito, até mesmo uma reverência, aos mais velhos, que são considerados verdadeiros repositórios de conhecimentos e experiências passadas valiosas e que, por isso, merecem ser respeitadas e têm de ser compartilhadas com as gerações seguintes. Você acha que o mesmo acontece aqui no Brasil?

A dimensão acerca do ambiente revela que existem culturas mais meritocráticas e outras mais determinísticas. Aquelas consideram o poder dos indivíduos e de suas escolhas, ao passo que estas reconhecem a fragilidade do poder humano ante a natureza, o mundo (Lacerda, 2011).

Assim, conviver com indivíduos culturalmente diferentes em uma mesma equipe de trabalho representa desafios na interação e promove o desenvolvimento de competências grupais, o que é fundamental para o alcance da eficácia intercultural dos indivíduos e grupos.

> Você já visitou outro país ou já teve de trabalhar ou estudar com pessoas de outras culturas? Foi fácil ou você enfrentou algum tipo de desafio e necessidade de adaptação?

O respeito e a preservação da diversidade cultural são preocupações evidenciadas nas declarações da Organização das Nações Unidas para a Educação, a Ciência e a Cultura (Unesco). O item 4º do *Manifesto 2000: por uma cultura de paz e não violência* (USP, 2021) defende a diversidade cultural na seguinte forma: "Ouvir para compreender [...] Defender a liberdade de expressão e a diversidade cultural, dando sempre preferência ao diálogo e à escuta do que ao fanatismo, a difamação e a rejeição do outro". Em 2002, a Unesco divulgou a Declaração Universal sobre a Diversidade Cultural, "afirmando que o respeito à diversidade cultural, à tolerância, ao diálogo, à cooperação, à confiança e ao entendimento mútuo, estão entre as melhores garantias da paz e da segurança internacionais, cultural e exigem humildade intelectual" (Unesco, 2002, citada por Paiva; Rodrigues, 2012). Vejamos, na sequência, os primeiros artigos do documento:

IDENTIDADE, DIVERSIDADE E PLURALISMO

Artigo 1 – A diversidade cultural, patrimônio comum da humanidade

A cultura adquire formas diversas através do tempo e do espaço. Essa diversidade se manifesta na originalidade e na pluralidade de identidades que caracterizam os grupos e as sociedades que compõem a humanidade. Fonte de intercâmbios, de inovação e de criatividade, a diversidade cultural é, para o gênero humano, tão necessária como a diversidade biológica para a natureza. Nesse sentido, constitui o patrimônio comum da humanidade e deve ser reconhecida e consolidada em benefício das gerações presentes e futuras.

Artigo 2 – Da diversidade cultural ao pluralismo cultural

Em nossas sociedades cada vez mais diversificadas, torna-se indispensável garantir uma interação harmoniosa entre pessoas e grupos com identidades culturais a um só tempo plurais, variadas e dinâmicas, assim como sua vontade de conviver. As políticas que favoreçam a inclusão e a participação de todos os cidadãos garantem a coesão social, a vitalidade da sociedade civil e a paz. Definido desta maneira, o pluralismo cultural constitui a resposta política à realidade da diversidade cultural. Inseparável de um contexto democrático, o pluralismo cultural é propício aos intercâmbios culturais e ao desenvolvimento das capacidades criadoras que alimentam a vida pública.

Artigo 3 – A diversidade cultural, fator de desenvolvimento

A diversidade cultural amplia as possibilidades de escolha que se oferecem a todos; é uma das fontes do desenvolvimento, entendido não somente em termos de crescimento econômico, mas também como meio de acesso a uma existência intelectual, afetiva, moral e espiritual satisfatória.

DIVERSIDADE CULTURAL E DIREITOS HUMANOS

Artigo 4 – Os direitos humanos, garantias da diversidade cultural

A defesa da diversidade cultural é um imperativo ético, inseparável do respeito à dignidade humana. Ela implica o compromisso de respeitar os direitos humanos e as liberdades fundamentais, em particular os direitos das pessoas que pertencem a minorias e os dos povos autóctones. Ninguém pode invocar a diversidade cultural para violar os direitos humanos garantidos pelo direito internacional, nem para limitar seu alcance. (Unesco, 2002)

Em 2005, a Unesco realizou a Convenção sobre a Proteção e Promoção da Diversidade das Expressões Culturais, defendendo que a diversidade cultural é uma característica essencial da humanidade, sendo um patrimônio comum de todos (Unesco, 2005).

> Acesse a Declaração Universal sobre a Diversidade Cultural da Unesco em:
>
> UNESCO – Organização das Nações Unidas para a Educação, a Ciência e a Cultura. **Declaração Universal sobre a Diversidade Cultural**. 2002. Disponível em: <https://www.oas.org/dil/port/2001%20Declara%C3%A7%C3%A3o%20Universal%20sobre%20a%20Diversidade%20Cultural%20da%20UNESCO.pdf>. Acesso em: 11 maio 2020.

A cultura de uma organização se desenvolve considerando um contexto mais amplo, que engloba a cultura nacional e regional específicas de cada local (país, estado, cidade). Srour (2005) identificou que as culturas organizacionais refletem linguagens, convicções sociais e saberes que determinam práticas e políticas das empresas. Como exemplos, podemos destacar: princípios, valores e normas morais; tabus (algo perigoso, proibido) e crenças; estilos e códigos verbais ou não verbais; tradições, usos e costumes; convenções sociais, protocolos e regras de etiqueta; estereótipos; preconceitos, mitos e lendas.

No contexto de diversidade intercultural, é relevante compreender a competência intercultural, requerida por quem precisa atuar em organizações formadas ou impactadas por multiculturas.

8.1 Competência intercultural

Inicialmente, Spitzberg e Changnon (2009, p. 8, tradução nossa) explicam que:

> O desenvolvimento dos estudos sobre competência intercultural teve início após a Segunda Guerra Mundial, quando os Estados Unidos da América (EUA) buscavam maior envolvimento com empresas estrangeiras, o que ocasionou a formação de alianças diplomáticas e de negócios para minimizar os efeitos da Guerra Fria. A busca por estabilidade internacional expandiu os programas de ajuda humanitária a países com instabilidades políticas perigosas.

Você já tinha ouvido falar sobre a Guerra Fria? Guerra Fria foi um período de tensão geopolítica entre a União Soviética e os Estados Unidos e seus aliados após a Segunda Guerra Mundial. Considera-se que ocorreu no período entre 1947 até a dissolução da União Soviética, em 1991.

O interesse por questões relacionadas a encontros culturais, bem como seu impacto no sucesso das missões do grupo, foi estimulado pela necessidade de selecionar e treinar pessoas para atuação em programas como o Corpo de Paz. Estudos que têm "como foco as características e competências dos jovens trabalhadores do Corpo de Paz e o impacto de tais características no desempenho desses jovens" são apontados como "originários do final da década de 1950 e da década de 1960" (Schmidmeier; Takahashi, 2018, p. 137).

Sobre a necessidade e atualidade do tema, Schmidmeier, Takahashi e Bueno (2020, p. 152, tradução nossa) explicam:

> As empresas têm sentido cada vez mais a necessidade de desenvolver estratégias globais para obter resultados satisfatórios em um ambiente global, onde a coexistência intercultural desempenha um papel importante na vida organizacional e social [...]. No contexto de um mundo globalizado, estudos sobre Competência Intercultural (CI) têm surgido com o objetivo de compreender como ela influencia o desempenho de indivíduos, equipes e organizações.

Ao pensar na evolução dos estudos sobre competências interculturais, pode-se compor uma linha do tempo que inicia na década de 1980, com o desenvolvimento e a validação de modelos de avaliação da competência intercultural. Entre 1990 e 2000, o foco passou a ser a avaliação de conhecimentos e habilidades, ainda sem contemplar o componente afetivo e motivacional. Coube às disciplinas relacionadas à psicologia social o papel de conduzir estudos voltados a interações interculturais (Spitzberg; Changnon, 2009).

Nos últimos anos, o foco tem se ampliado para o desenvolvimento da competência intercultural em indivíduos, equipes e organizações. A ênfase é, cada vez mais, a capacidade da pessoa em trabalhar com sucesso em uma equipe diversificada e desenvolver relacionamentos produtivos (Deardorff, 2015).

A competência intercultural recebe inúmeras outras denominações, como: "'adaptação transcultural', 'sensibilidade intercultural', 'competência multicultural', 'competência transcultural', 'competência global', 'eficácia *cross-cultural*', 'competência internacional', 'competência cultural' e 'ajustamento transcultural'" (Deardorff, 2004, citada por Schmidmeier; Takahashi, 2018, p. 137).

Uma das definições mais aceitas de *competência intercultural individual* é a que se refere à capacidade de interagir de maneira eficaz com pessoas culturalmente diferentes por meio da aquisição e da manutenção de habilidades específicas da cultura necessárias para funcionar satisfatoriamente em um novo contexto cultural.

Competência intercultural, segundo Spitzberg e Changnon (2009, p. 6, tradução nossa), refere-se ao

> gerenciamento apropriado e eficaz da interação entre pessoas que, em um grau ou outro, representam orientações afetivas, cognitivas e comportamentais diferentes ou divergentes em relação ao mundo. Essas orientações serão mais comumente refletidas em categorias normativas como nacionalidade, raça, etnia, tribo, religião ou região. Em grande medida, portanto, a interação intercultural é equivalente à interação intergrupal. É importante ressaltar, entretanto, que os grupos não interagem, os indivíduos interagem (Spitzberg, 1989). A extensão em que os indivíduos manifestam aspectos de, ou são influenciados por, seu grupo ou afiliações e características culturais é que a interação se torna um programa intercultural.

Existem, contudo, diferentes modelos de desenvolvimento de competências interculturais individuais que podem ser agrupados em traços, atitudes interculturais, visão de mundo e capacidades interculturais (Schmidmeier; Takahashi, 2018).

Os **traços** referem-se às características pessoais duradouras que influenciam o comportamento padrão em situações interculturais. As **atitudes** e a **visão de mundo** focam na percepção de outras culturas e na interpretação de informações vindas de fora de seu próprio contexto cultural. Já as **capacidades** envolvem o que é feito para ser eficiente em interações interculturais. Alguns modelos interagem apenas com um desses domínios, enquanto outros integram constructos de diferentes domínios (Leung; Ang; Tan, 2014). Algumas ações organizacionais são consideradas estimuladoras do desenvolvimento da competência intercultural individual, como a contratação de funcionários estrangeiros e os treinamentos interculturais, que costumam ser praticados em conjunto.

A competência intercultural é necessária na gestão da interação entre pessoas em um contexto multicultural e pode ser desenvolvida por meio de capacitações de relacionamento interpessoal, da compreensão do outro e da vontade de interagir com pessoas de culturas diversas. A competência intercultural "gera um comportamento adequado entre os membros culturalmente diversos, levando ao alto desempenho da EMC [equipe multicultural]" (Schmidmeier; Takahashi, 2018, p. 144).

Figura 8.1 – Fatores que influenciam a eficácia intercultural

Eficácia intercultural	
Autoeficácia	Empatia
Tratamento da diversidade cultural	Percepção sobre as diferenças culturais
Sucesso da interação social	Postura não etnocêntrica

Fonte: Elaborado com base em Schmidmeier; Takahashi, 2018.

Na área de negócios internacionais, a competência intercultural pode ser pensada tanto em nível individual quanto grupal e organizacional. Em nível individual, ela aparece associada ao sucesso internacional da carreira; já em nível grupal e organizacional, pode ser associada ao sucesso da equipe e do negócio (Schmidmeier; Takahashi, 2018).

A definição de *competência intercultural grupal*, de acordo com Schmidmeier e Takahashi (2018), consiste na habilidade de um grupo alcançar, de forma efetiva, seus objetivos por meio da interação social, da comunicação intercultural e da articulação de diferenças culturais, fruto de um processo de aprendizagem do grupo em um ambiente em que múltiplas culturas coexistem. Logo, competência intercultural grupal corresponde à "**habilidade do grupo de atingir seus objetivos com eficácia por meio da interação social, da comunicação eficiente e da negociação das diferenças culturais, resultante de um processo de aprendizagem grupal em um contexto multicultural**" (Schmidmeier; Takahashi, 2018, p. 147, grifo do original).

Ainda segundo Schmidmeier e Takahashi (2018, p. 144), "a interação social dos integrantes de equipes culturalmente diversas, tanto no ambiente profissional quanto em relações sociais fora do ambiente de trabalho, tem impacto direto na eficácia intercultural dos indivíduos e grupos". Em um contexto globalizado, as diferenças culturais aparecem e impactam a interação entre os empregados (Freitas; Dantas, 2011). As diferenças culturais podem representar problemas em relação a atitudes, postura de desconfiança entre os membros do grupo, dificuldade de comunicação, entre outros, sendo primordial haver a gestão das diferenças culturais entre membros de uma equipe para que ela possa ser eficaz (Schmidmeier; Takahashi, 2018). A figura que segue indica o resultado das diferenças culturais quando bem ou mal gerenciadas.

Quadro 8.2 – Gestão de diferenças culturais

Impactos positivos	Impactos negativos
» Fonte de criatividade » Fator de coesão do grupo » Recurso de aprendizagem	» Obstáculo à comunicação » Tensão nos relacionamentos » Baixa na produtividade

Fonte: Elaborado com base em Schmidmeier; Takahashi, 2018.

As estratégias para a melhoria no convívio intercultural devem envolver a construção e a manutenção de relacionamentos; o desenvolvimento de sensibilidade relativa às diferenças culturais; a comunicação intercultural; e o estabelecimento de processos e práticas institucionalizadas (Barmeyer; Davoine, 2015). Existe uma tendência nas equipes multiculturais de criar uma cultura negociada com base em acordos.

Conforme Bueno e Freitas (2015), um dos principais objetivos da formação de equipes multiculturais é agrupar pessoas de diferentes culturas para aproveitar a diversidade de perspectivas e aptidões. Segundo as autoras, o sucesso na formação de uma equipe multicultural depende da identificação, da organização e da gestão de aspectos como personalidades diferentes, objetivo comum, comunicação entre os membros e entre a equipe e a organização, resolução de conflitos e liderança do grupo. Devem-se ainda considerar "aspectos específicos da relação intercultural, como a influência da cultura nacional, a convergência de objetivos, o idioma e o lugar, os laços com a organização, o reconhecimento e as definições de hierarquia e igualdade" (Finuras, 2003, citado por Bueno; Freitas, 2015, p. 19). Entre os principais desafios, Schmidmeier; Takahashi e Bueno (2020, p. 152, tradução nossa) indicam:

> O processo de comunicação, a gestão cultural da diversidade e as diferenças e conflitos interculturais têm sido os desafios mais comuns para equipes multiculturais (Matveev & Nelson, 2004).

Da mesma forma, garantir a coesão do grupo pode ser um desafio à medida que a dinâmica e as consequências da diversidade tornam-se mais pronunciadas entre os grupos (Lauring & Selmer, 2010).

Para Bueno e Freitas (2015), o contato intercultural e a formação de equipes multiculturais podem ocorrer também de outras formas além da transferência internacional. De acordo com as autoras, os meios de comunicação por vídeo e teleconferência, correio eletrônico, sistemas de gestão interligados e outras ferramentas de tecnologia de informação permitem que as pessoas possam conversar e discutir estratégias e projetos, decidir as ações a serem realizadas, e acompanhar e medir resultados dessas ações em diferentes locais e por profissionais de diversos países (Bueno; Freitas, 2015). O diálogo intercultural, nessas circunstâncias, torna-se um importante elemento de sucesso ou fracasso de muitos negócios globais (Finuras, 2003, citado por Bueno; Freitas, 2015). A formação de equipes multiculturais ultrapassa o reconhecimento das diferenças entre seus membros, visto que tais grupos apresentam especificidades que devem ser consideradas quando da sua criação e gestão.

Para Ribeiro et al. (2007), o gerenciamento da diversidade no âmbito externo é exigido principalmente de empresas multinacionais, que precisam, continuamente, se adaptar à população local da região na qual atuam; ocorrendo, ainda, em casos de fusões, aquisições ou alianças estratégicas. Para os autores, o número de insucessos dessas operações é crescente e uma das principais causas é o fator cultural. Barros (2001, citado por Ribeiro et al., 2007, p. 6) indica que "no estudo realizado pela Roland Berger: 60% a 80% das fusões e aquisições falham", sobretudo devido a problemas na integração cultural.

O choque entre duas ou mais culturas das empresas envolvidas em processos de fusão, aquisição ou alianças ocorre, sobretudo, por falta de consciência e certa resistência às mudanças. As diferenças de estilos e práticas de gerenciamento entre duas ou mais empresas podem não permitir ou dificultar a conciliação das diferenças e, assim, enfraquecer a coesão interna (Ribeiro et al., 2007). Isso demonstra que "a gestão da multiculturalidade organizacional é um processo com alto grau de complexidade" (Ribeiro et al., 2007, p. 6), envolvendo uma série de políticas e práticas organizacionais, como a gestão de pessoal, ou gestão de recursos humanos (RH).

8.2 Gestão de RH na diversidade intercultural

Você já ouviu falar sobre gestão internacional de recursos humanos (GIRH)? Esse é o nome da área de gestão de pessoas (GP) com foco na internacionalização dos negócios e que tem como objetivo elaborar o planejamento voltado ao desenvolvimento e à implementação das melhores políticas e práticas de gestão de pessoas em diferentes contextos internacionais das organizações.

Entre os principais fatores que influenciam a GIRH estão os impactos da globalização, a influência das diferenças ambientais e culturais, a centralização ou descentralização da administração e a variação de políticas e práticas de recursos humanos entre os diferentes países (Athayde; Silva, 2019). Sua meta é gerenciar a interação entre diferentes culturas e o relacionamento entre os indivíduos. Isso porque, em situações de confronto com outras culturas, as pessoas vivenciam conflitos psicológicos e dificuldade em reconhecer o outro.

A GIRH está mais voltada para os processos de transferência, orientação e serviços de tradução, permitindo que seus funcionários tenham mais facilidade em se adaptar no ambiente fora do país, assim como presta assistência em quesitos fiscais, bancários, de moradia, entre outros. Existe, ainda, a preocupação em conceber programas de treinamento e desenvolvimento para que se entenda melhor a cultura, além de assegurar que os planos de remuneração sejam justos, de acordo com a região e os custos de vida (Bohlander; Snell; Sherman, 2003). Ettinger et al. (2016, p. 194) destacam, como principais funções na GIRH,

> atrair, reter, remunerar e desenvolver pessoas na empresa internacionalizada, tanto na matriz quanto nas subsidiárias ou unidades no exterior, uma vez que esse tipo de gestão se diferencia das empresas domésticas por possuir atividades como: gestão de expatriados e repatriados, rotação internacional de funções e esforços internacionais de treinamento.

Assim sendo, a gestão de recursos humanos agrega "um novo papel, que é lidar com a transferência de indivíduos entre matriz e subsidiárias localizadas em diferentes países, como também gerir a transculturalidade desse processo" (Athayde; Silva, 2019, p. 415). A GIRH é uma temática recente nos campos de pesquisa do cenário brasileiro, visto que o processo de internacionalização passou a ganhar espaço em empresas nacionais a partir da globalização (Silva; Orsi; Nakata, 2013).

A gestão intercultural tem que considerar ainda o estresse causado pelo choque cultural, ou seja, alguns fatores que são potencialmente desnorteantes se tornam cruciais para a adaptação do indivíduo e de sua família ao país anfitrião, como, por exemplo, a dificuldade de se comunicar ou até mesmo pequenas frustrações diárias que os fazem se sentirem esgotados emocional e fisicamente, levando à desmotivação (Bohlander; Snell; Sherman, 2003). Já imaginou como é, por exemplo, ir a um supermercado e não conseguir compreender o que está escrito nas embalagens? Até uma atividade simples e corriqueira do dia a dia pode ser um desafio e gerar estresse para os envolvidos.

> Para as designações internacionais de um expatriado, entretanto, é imprescindível que a Gestão Internacional de Recursos Humanos – GIRH – contribua para a missão no exterior. Dessa forma, a seleção, a preparação antes da partida, o suporte e as compensações oferecidas pelas organizações aos profissionais expatriados, são atividades realizadas pela mesma nos seus programas de expatriação.
> (Ettinger et al., 2016, p. 191)

As pessoas representam o principal ativo de uma organização, especialmente em um contexto internacional de negócios. Quando a mudança para outros países é necessária, a organização precisa que a área de GP desenvolva métodos de recrutamento e seleção, treinamento e desenvolvimento, avaliação de desempenho e gestão de cargos e salários voltados a identificar, agregar e recompensar os profissionais interessados na mobilidade internacional, além de buscar promover a máxima adaptabilidade deles no país anfitrião e aprimorar seus talentos (Bohlander; Snell; Sherman, 2003).

A GIRH apresenta quatro abordagens possíveis: (1) etnocêntrica, (2) policêntrica, (3) geocêntrica e (4) regiocêntrica. Tais abordagens impactam as políticas e práticas da área e, em especial, as políticas de mobilidade internacional.

> Na abordagem **etnocêntrica**, são os dirigentes do país de origem da organização que tomam as decisões estratégicas e as subsidiárias não têm autonomia. Os postos-chave no estrangeiro são ocupados por profissionais do país de origem em missão internacional e as

decisões e estratégias têm como base a cultura do país de origem, seus valores e pressupostos. Já a **policêntrica** não considera a missão internacional como a principal ferramenta do desenvolvimento internacional. São os executivos locais que ocupam os postos importantes nas subsidiárias e existe pouca chance de se conseguir experiência internacional. Por outro lado, a organização evita os gastos da missão internacional e seus problemas de adaptação. A terceira abordagem é a **geocêntrica**, na qual a estratégia da organização ultrapassa o nível nacional diretamente para o internacional, as diferenças nacionais são consideradas secundárias e o que se busca é preencher os postos de trabalho nas subsidiárias de acordo com a experiência e as competências requeridas por eles. A abordagem **regiocêntrica** significa administrar os gerentes locais a partir de uma região geográfica. Para controlar as subsidiárias de uma região é criada uma base em um dos países mais importantes, que pode ser ocupada por profissionais de diversas nacionalidades. (Hennan; Perlmutter, 1979; Cerdin, 2002, citados por Bueno; Freitas, 2015, p. 17, grifo nosso)

Conforme Bueno e Freitas (2015), cada abordagem enfatiza um maior ou menor contato entre diferentes culturas nacionais e regionais. O desafio é conseguir que os indivíduos criem raízes em culturas diferentes e tornem-se tão ou mais autônomos, qualificados e seguros como se apresentam em seu país de origem. "A administração intercultural emerge, então, como uma forma de articulação e coordenação de equipes multiculturais de trabalho, buscando bom desempenho e menores perdas para os envolvidos" (Chevrier, 2000, citado por Bueno; Freitas, 2015).

Quando as empresas atuam em nível internacional, seus processos de recrutamento e seleção buscam candidatos com capacidade de adaptação e aptos a lidar com a diversidade cultural tanto interna (entre os colaboradores) como externa (entre clientes, fornecedores e governo, por exemplo.). Diversos fatores devem ser considerados no desenvolvimento de políticas e práticas de gestão de pessoas, como tipo e tamanho da organização, recursos existentes e diversidade étnica dos clientes (Bohlander; Snell; Sherman, 2003).

Snell e Bohlander (2014) indicam três principais fontes de recrutamento para os cargos internacionais, isto é, para a contratação de funcionários: (1) país de origem ou expatriados; (2) país anfitrião; e (3) outros países. Ainda que, normalmente, as empresas globais utilizem as fontes convencionais de recrutamento, seu processo de seleção se torna mais criterioso, pois exige, além da qualificação necessária, a identificação com a cultura e o idioma do país anfitrião. Além disso, em cada país existem leis para a contratação e proteção à discriminação de funcionários estrangeiros (Snell; Bohlander, 2014).

Expatriados são todos os indivíduos que residem temporária ou permanentemente em um país diferente daquele onde nasceram. Trata-se de um novo tipo de executivo, que entende e se faz entender em diferentes línguas, é tolerante a diferentes culturas, interioriza e transfere a maneira de estar e de ser da empresa em que trabalha e, com ou sem família, aprende a viver e a se integrar fora de seu *habitat* de origem. É uma pessoa que altera rotinas, costumes, valores pessoais, constrói nova rede de relacionamentos, para ele e sua família, e se adapta com facilidade a culturas diferentes e ao desconhecido (Nevado, 2003; Freitas; Dantas, 2011; Zwielewski, 2009).

O conceito de expatriado varia ainda conforme a legislação de cada país. No Brasil, é abordado pela Lei n. 11.962, de 3 de julho de 2009 (Brasil, 2009), que estabelece que todos os empregados brasileiros contratados no Brasil e transferidos por seus empregadores para prestar serviço no exterior são considerados expatriados. Já de acordo com o art. 1º da Lei n. 7.064, de 6 de dezembro de 1982 (Brasil, 1982), fica excluído do regime o empregado designado para prestar serviço de natureza transitória, por um período inferior a 90 dias. Em outras palavras, um expatriado é aquele que presta serviço fora de seu país de origem por um período superior a 90 dias.

De acordo com o nível de internacionalização da empresa, é realizada a expatriação, cujos principais motivos são: "aquisição de novos conhecimentos; desenvolvimento de liderança; expansão e permanência nos mercados; aquisição e transferência de tecnologias; e o incentivo à criatividade e à inovação" (Black; Gregersen, 1999; Gallon; Antunes, 2016, citados por Athayde; Silva, 2019, p. 423).

Conforme Athayde e Silva (2019, p. 423),

> alguns fatores, como o número e o tipo de cargos internacionais, os conhecimentos e as habilidades necessárias e quais os indivíduos serão expatriados, são afetados pela estrutura e estratégias de internacionalização adotadas pela organização. [...] os gerentes que são expatriados devem possuir dois grupos de competências: as essenciais, como experiência, tomada de decisões, desembaraço, facilidade de adaptação, sensibilidade cultural, formação de equipe e maturidade; e as competências adicionais, como habilidades técnicas, habilidades de negociação, pensamento estratégico, habilidades para delegar e gerenciamento de mudanças.

A abordagem da gestão de expatriados, para Athayde e Silva (2019), abrange três etapas: (1) preparação para a missão; (2) a missão em si; e (3) o retorno da missão, ou *repatriação*. É preciso avaliar, primeiramente, o desempenho quanto às qualidades interpessoais e interculturais; a sensibilidade às normas, às leis e aos costumes de outros países; a adaptabilidade às condições de incerteza e a integração ao local de acolhimento (Athayde; Silva, 2019).

A adaptação intercultural do indivíduo ocorre em três esferas principais. A primeira é a mais geral e envolve a vida como um todo, incluindo aspectos como alimentação, clima, transporte e estilo de vida. Imagine um profissional que sai de um país tropical cuja temperatura média, no inverno, é de 25 °C e é transferido para um país em que essa mesma temperatura é registrada no período do verão. Já a segunda esfera está voltada ao trabalho e engloba aspectos como padrões e jornada de trabalho e relacionamento com lideranças e colegas. O expatriado pode ser aceito ou excluído por seus colegas de trabalho e, considerando-se que a atividade laboral representa um percentual significativo do tempo do profissional, a recepção e a integração dele à nova realidade é muito importante para sua adaptação. A terceira, por sua vez, diz respeito à vida fora do trabalho, à interação com outras pessoas; afinal de contas, existe vida após o expediente, e é importante ter em mente como o expatriado estabelecerá ligações com as demais pessoas da localidade (Athayde; Silva, 2019).

Imagine, por exemplo, como um finlandês que foi expatriado para o Brasil se sente, longe de seu país de origem, de seus colegas e de seu grupo familiar, além de não saber o que está acontecendo em seu local de trabalho original. A sensação de abandono pode ser uma consequência e gerar inúmeros problemas, como depressão, insatisfação e desligamento do colaborador.

> Você já pensou nos melhores e piores locais para se trabalhar como expatriado? Pelo sexto ano, a pesquisa "Expat Insider" compartilha as experiências de pessoas que moram ao redor do mundo. Ficou interessado? Acesse o resultado completo no seguinte *link*:
>
> INTERNATIONS. **Expat Insider 2019**: The Year of the Hidden Champions. Disponível em: <https://www.internations.org/expat-insider/2019/>. Acesso em: 11 maio 2021.

De acordo com Athayde e Silva (2019, p. 424), "a gestão internacional de pessoas deve estar atenta quanto à seleção, à preparação antes da partida, ao suporte e às compensações oferecidas pela organização, para que o indivíduo busque completar a sua missão no exterior, não sendo necessária a repatriação antes do tempo estabelecido".

Gallon e Antunes (2016, p. 56), sobre o processo de expatriação, destacam que deve envolver:

> (1) a ida; (2) o período de trabalho no exterior; e (3) o retorno do expatriado. Por isso é importante entender que a expatriação não constitui apenas o deslocamento de um empregado para outro país. [...] é um processo amplo que engloba três momentos, os quais devem estar estruturados para que a expatriação seja bem sucedida.

Os contatos interculturais normalmente geram um "choque cultural". Para Hofstede (1997), o processo de aculturação sofrido por expatriados em missão num país estrangeiro é composto por quatro fases: (1) euforia, (2) choque cultural, (3) aculturação e (4) estabilidade. Em contrapartida, os integrantes da cultura anfitriã também vivenciam um ciclo de reações psicológicas, a saber: curiosidade, etnocentrismo (avaliar o visitante segundo o critério de sua própria cultura) e policentrismo (aplicar critérios diferentes a pessoas diferentes). É o início do bi ou multiculturalismo (Hofstede, 1997).

> Você já assistiu ao seriado "Emily em Paris"? Ele aborda as aventuras de uma americana que é expatriada e passa a trabalhar na França. Em seus episódios, são discutidos diversos pontos relativos à complexidade de adaptação cultural, tanto no que se refere ao trabalho – e aos colegas – quanto à vida pessoal. Vale a pena assistir!

Já a **repatriação** é o processo de retorno de indivíduos ao seu país de origem, ou seja, aqueles que foram expatriados e que retomaram sua atuação na organização original (Athayde; Silva, 2019) – imagine que o finlandês, expatriado no Brasil, durante 5 anos, foi repatriado à Finlândia. O retorno, assim como a expatriação, pode provocar "um choque cultural, pessoal, profissional e familiar, pois a realidade encontrada passa a ser diferente daquela vivenciada no outro país, sendo necessário um novo processo de adaptação" (Athayde; Silva, 2019, p. 424). O processo de repatriação pode assumir dois focos distintos:

1. **Direcionado ao indivíduo e relacionado a fatores de adaptação e problemas familiares**: No caso do finlandês repatriado, uma vez que ele é casado e com dois filhos em idade escolar, o grupo familiar como um todo precisará retomar sua vida em uma nova realidade. Se os filhos estiverem, por exemplo, em idade de alfabetização, isso pode impactar na continuidade dos estudos.
2. **Direcionado à empresa**: A contribuição trazida pela experiência e os possíveis ganhos atrelados a esta.

Os indivíduos repatriados retornam ao país de origem com muitas informações adicionais, como conhecimento de mercados, relacionamentos e culturas internacionais, sendo necessário integrá-los à organização para que disseminem essas ideias e, assim, enriqueçam o ambiente com as novas competências adquiridas (Athayde; Silva, 2019). No entanto, quando a empresa não faz um planejamento no sentido de aproveitar o conhecimento que o indivíduo adquiriu em sua vivência no exterior, o profissional pode pedir seu desligamento, a fim de procurar oportunidades melhores em empresas concorrentes; perdem-se assim, os altos investimentos feitos nesse processo (Athayde; Silva, 2019).

Nesse sentido, Lima e Braga (2010, citados por Athayde; Silva, 2019, p. 425) afirmam que

> algumas medidas utilizadas ainda no processo de expatriação podem ajudar a se obter sucesso no processo de repatriação, como, por exemplo, suporte e apoio organizacional através do contato com informações sobre a organização no país de origem, o que ajudaria a diminuir não somente as incertezas, como também a sensação de isolamento do indivíduo.

O recrutamento e a seleção internacionais, conforme mencionam Edström e Galbraith (1977, citados por Ettinger et al., 2016, p. 195), podem ser motivados por três principais aspectos: "(1) necessidade de preenchimento de vagas em outros países por falta de mão de obra especializada; (2) rotação de funções entre países para que um profissional conheça as operações internacionais; e (3) para desenvolvimento da organização – transferência de conhecimento". Assim sendo, cabe à área de RH atuar eficazmente na seleção dos expatriados a fim de "reduzir as possibilidades de problemas técnicos, culturais e comportamentais durante a designação internacional, até porque a seleção inadequada gera custos à organização e prejudica o alcance dos objetivos básicos" (Ettinger et al., 2016, p. 195).

Quanto ao treinamento e desenvolvimento, Athayde e Silva (2019) mencionam que, à medida que ocorrem as mudanças no ambiente internacional, os colaboradores podem aprimorar suas habilidades. Nesse sentido, as organizações procuram, em escala global, "estruturar e difundir culturas e valores através de universidades corporativas [UC], que orientam o programa de capacitação ao alcance dos objetivos empresariais" (Athayde; Silva, 2019, p. 419). Logo, as UC atuam no treinamento e no desenvolvimento de competências internacionais, preparando a pessoa para o trabalho no exterior. Nesses programas, os elementos essenciais são, geralmente: "treinamento de língua estrangeira, treinamento cultural, avaliação e acompanhamento do desenvolvimento de carreira e administração da vida pessoal e familiar" (Athayde; Silva, 2019, p. 419). Uma vez que o expatriado enfrenta necessidades pessoais, culturais e profissionais de adaptação, cabe à organização focar no desenvolvimento de competências nessas três esferas da vida.

> Você já ouviu falar sobre as universidades corporativas (UC)? Saiba um pouco mais sobre o assunto no *link* a seguir, que explica a diferença entre as UC e as áreas de treinamento e desenvolvimento tradicionais:
>
> MELLO, I. **Treinamento versus educação corporativa**: enfoque atual. 4 mar. 2011. Disponível em: <https://administradores.com.br/artigos/treinameno-versus-educacao-corporativa-enfoque-atual>. Acesso em: 11 maio 2021.

A remuneração é sempre um ponto polêmico, que ganha ainda mais complexidade quando vinculada à GIRH. Além de questões legais específicas de cada país, que devem ser consideradas pelas organizações a fim de definir sua política salarial, seus benefícios e sua remuneração variável, é necessário identificar e estabelecer incentivos competitivos, tendo em vista também a concorrência, o custo que será gerado para a organização (salário do empregado e encargos gerados, conforme os impostos de cada localidade) e motivadores justos e fáceis de entender. Trata-se de uma equação que precisa ser muito bem pensada, pois deve levar em conta tanto a manutenção do padrão de vida fora do país de origem como um plano de remuneração condizente com a estratégia organizacional e flexível o suficiente para ser adaptado a locais específicos (Bohlander; Snell; Sherman, 2003).

Como é possível perceber, não é tarefa simples alcançar esse equilíbrio, especialmente devido à relação custo para a empresa e benefício para o empregado. Nesse sentido, outro ponto para o qual se deve atentar é o valor da moeda no país de origem e no de destino. Muitas vezes, só esse fator, isoladamente, já pode representar uma vantagem ou desvantagem para o expatriado.

Já no que diz respeito à avaliação de desempenho de expatriados, ela deve ser muito bem planejada e implementada, para que seja justa e atinja seus objetivos. Como em qualquer tipo de transferência, é essencial um tempo de adaptação e aprendizagem antes de se poder efetuar uma avaliação correta. Assim como países diferentes possuem culturas diferentes, cada organização tem sua própria cultura. O processo de adaptação de um expatriado deve, então, contemplar uma série de variáveis, que impactam, inclusive, em seu desempenho. Assim sendo, é necessária, primeiramente, uma avaliação do país anfitrião e, depois, também do país de origem, buscando-se ponderar ambas as fontes de informação para facilitar a adaptação, fornecer *feedback* construtivo e verificar como está o processo de internacionalização do expatriado (Bohlander; Snell; Sherman, 2003).

Sarfati (2011, p. 37) considera que um gerente global, "mesmo residindo no seu próprio país de origem, trabalha com estrangeiros em sua equipe e habitualmente negocia ou mantém contato com executivos de outros países". Segundo o autor, é também cada vez mais comum que os profissionais sejam enviados ao exterior, por períodos mais longos ou mais curtos. "Aquele que reside em seu país e rotineiramente viaja é conhecido como *frequent flyer*" (Sarfati, 2011, p. 37).

Neste momento, talvez você esteja se perguntando: Quais são os conhecimentos, as habilidades e as atitudes necessários aos executivos globais?

> Qualquer que seja o nível de exposição a outras culturas que o executivo tenha, [...] o sucesso do gerente global depende de algumas competências específicas. Entre elas, podemos destacar a habilidade de mudar o estilo de liderança de acordo com a situação (liderança intercultural) e o conhecimento da estrutura global da empresa, e dos tópicos estruturais que norteiam seus negócios internacionais. Além disso, o gerente global deve possuir a "mente aberta" para lidar com diferenças culturais e flexibilidade para operar em ambientes díspares e complexos. [...] Todas essas competências podem ser resumidas em um termo: inteligência cultural.
> (Sarfati, 2011, p. 37)

Sarfati (2011, p. 38) define **inteligência cultural** como a "capacidade de interagir com pessoas que possuem *background*s culturais distintos", podendo ser desenvolvida de formas diversas, através de experiências no trabalho e treinamentos específicos.

No entanto, a melhor forma de desenvolvê-la, segundo grande parte das pesquisas, é mediante experiências no próprio trabalho (também conhecido como *on-the-job*), como "as viagens internacionais de negócios, as vivências em equipes multiculturais e a expatriação" (Sarfati, 2011, p. 38). Contudo, Sarfati (2011, p. 39) alerta que o aprendizado a partir das experiências não ocorre de forma automática: "o desafio é exatamente vivenciá-las como formas de aprendizado. As viagens de negócios são um importante instrumento especialmente no início da carreira", visto representarem oportunidades de contato e relacionamento com pessoas de culturas distintas.

O desenvolvimento da inteligência cultural pode ser potencializado por determinadas características pessoais inatas ou aprimoradas pelas experiências. Entre estas estão, segundo Sarfati (2011, p. 38): "a integridade (entender, de forma honesta, a si próprio e ao seu sistema de valores), a abertura (ser humilde, mostrando respeito frente às diferenças, e estar disposto a aprender com os outros) e a determinação (coragem e capacidade de persistir em condições não favoráveis)".

Se, por um lado, a experiência de trabalho em equipes multiculturais tem se tornado cada vez mais comum em empresas multinacionais, por outro, ela traz também inúmeros desafios (Sarfati, 2011). O primeiro deles é o fato de cada integrante pertencer a um país diferente e trazer sua própria visão de mundo para a realidade organizacional. Se, por um lado, equipes multiculturais têm o potencial de realizar atividades complexas usando a criatividade, por outro, caso elas não sejam geridas com cuidado e atenção, as diferenças podem comprometer a qualidade dos relacionamentos interpessoais e também o próprio projeto como um todo (Sarfati, 2011).

Ao longo dos capítulos desta obra, enfatizamos a importância da liderança na gestão da diversidade, e no que se refere à multiculturalidade não é diferente. Nessa direção, segundo Sarfati (2011), é importante que o líder da equipe atue como um mediador das diferenças para que o grupo alcance bons resultados e também desenvolva suas competências. Dentre as formas possíveis de desenvolvimento da inteligência cultural, a vivência como expatriado é a mais radical, visto que proporciona uma imersão cultural 24 horas por dia, não só do colaborador, mas também, muitas vezes, de todo o seu grupo familiar (Sarfati, 2011). Apesar de possivelmente traumática no início, tendo em vista o choque cultural, a expatriação também pode gerar "um enorme aprendizado à medida que o indivíduo busca compreender os significados culturais locais" (Sarfati, 2011, p. 39).

Vista a importância do papel desempenhado pelos líderes na adaptação multicultural, a organização deve atuar fortemente em atividades de capacitação desse grupo. Uma forma de aperfeiçoar competências globais é por meio do planejamento e da execução de um processo educacional como foco em futuros gestores. Universidades e escolas de administração, por exemplo, podem expandir a base de conhecimentos e competências desde que tenham seus currículos internacionalizados, proporcionando uma efetiva experiência multicultural aos seus estudantes. É igualmente importante que as instituições de ensino ofereçam, ao longo do curso, um conteúdo vivencial para além do ensino informativo, o que pode ser feito por meio do estudo de casos, simulações, promoção de discussões com líderes empresariais e ex-estudantes (Sarfati, 2011).

Oliveira (2011) apresenta informações sobre carreira internacional e indica que é frequente, em diversas organizações, o uso de mais de um idioma no desempenho de suas atividades, seja por meio de chamadas de vídeo, seja mediante teleconferências em horários diferenciados para viabilizar a comunicação com parceiros de negócios dispersos em diversos continentes, seja, ainda, por meio de viagens pelos cinco continentes. Trata-se, também, de uma forma gradual de aproximar o grupo funcional de outras culturas.

Para Sarfati (2011, p. 38), a exposição cada vez maior "das empresas ao ambiente global tem tornado fundamental a seleção e treinamento de indivíduos com inteligência cultural", compreendendo-se que esta é tanto "uma característica individual (traço de personalidade e produto da educação do indivíduo)" quanto "uma competência passível de ser desenvolvida". Apesar de ser complexa e relevante a questão de identificar e desenvolver competências relacionadas à inteligência cultural dos atuais e futuros expatriados, a organização deve também observar, com atenção e cuidado à adaptação, o grupo familiar do expatriado. Sarfati (2011, p. 39) defende que, "se um dos cônjuges não consegue se adaptar às mudanças culturais, os conflitos começam a surgir e, invariavelmente, acabam afetando o desempenho do funcionário", que pode desistir da experiência e optar pelo retorno ao país de origem. Assim sendo, não basta que a organização se preocupe apenas com a adaptação do seu colaborador direto; ela precisa pensar e planejar formas de adaptação em função de todo o grupo familiar, quer ele acompanhe o expatriado em sua missão, quer ele permaneça no país de origem, pois a distância de parentes queridos também pode comprometer o desempenho e acarretar o abandono da missão (Sarfati, 2011).

Considerando-se o rápido crescimento na economia dos países conhecidos como *BRIC* (Brasil, Rússia, Índia e China), é esperado que aumentem as oportunidades para profissionais brasileiros atuarem numa carreira internacional. "Se as empresas brasileiras querem considerar que sua expansão internacional será o resultado da atuação de profissionais competentes e com mentalidade global, cabe-lhes estruturar um sistema de recursos humanos que contemple uma gestão eficiente e atrativa das carreiras internacionais" (Oliveira, 2011, p. 124). Assim, as organizações brasileiras precisam repensar "suas estratégias de atração e retenção de pessoas, particularmente para o preenchimento de posições internacionais, incluindo a questão da repatriação e aproveitamento da experiência adquirida no exterior" (Oliveira, 2011, p. 124). Para que uma estratégia de negócios globais tenha sucesso em sua implementação, é preciso um sistema de gestão de pessoal global alinhado ao planejamento estratégico dos negócios. A expatriação, portanto, deve ser pensada como uma estratégia de gestão do conhecimento e de formação de competências.

Em resumo, com o avanço das organizações para além de suas fronteiras, criam-se ambientes multiculturais onde o compartilhamento de diferentes perspectivas, visões de mundo, conhecimentos e experiências pode tornar muito rica a convivência profissional. Nesse contexto, para alcançar os objetivos compartilhados, os empregados precisam desenvolver competências interculturais específicas, como a capacidade de interagir, de forma adequada, com indivíduos de outras culturas. Além das funções geridas pelo RH, cabe também destacar o papel dos líderes, gerentes e diretores para a criação e a manutenção de um ambiente multicultural. Os desafios são inúmeros, assim como as possibilidades de ganho e de estabelecimento de vantagem competitiva.

Considerações finais

Terminamos aqui nossa jornada de aprendizagem sobre a diversidade e seus impactos nas organizações. Esperamos que você tenha apreendido novas facetas desse tema cada vez mais atual e relevante para o mundo globalizado em que vivemos.

Abordamos tópicos diversos, como as definições sobre diversidade e ações afirmativas, e enfatizamos alguns tipos de diversidade – relacionadas a PcDs, gênero, raça, orientação sexual e cultura –, destacando as práticas de gestão de pessoas que podem ser adotadas no sentido de promover um melhor ambiente de trabalho e ações mais inclusivas. O papel do gestor, ou líder, nesse processo também foi destacado, visto que as ações da liderança são fundamentais no combate à discriminação e na promoção de relacionamentos lastrados em respeito e cooperação.

O momento pelo qual passamos é normalmente caracterizado pelo acrônimo Vuca, formado pelos termos *volátil, incerto, complexo e ambíguo* (do inglês *volatility, uncertainty, complexity* e *ambiguity*), pois a atuação de pessoas diversas, com pensamentos, visões de mundo e comportamentos diferentes, deve ser continuamente não apenas bem recebida, mas também almejada, para que possamos alcançar soluções criativas, inclusivas e fundadas no respeito.

Ao longo dos capítulos, fornecemos exemplos práticos de como ações direcionadas à promoção da diversidade estão acontecendo no mundo do trabalho e também apontamos os impactos positivos que elas podem gerar. Os temas abordados são amplos e, por esse motivo, frequentemente indicamos, no texto, fontes em que informações adicionais podem ser buscadas por quem desejar um maior aprofundamento sobre o assunto.

Há quem defenda a ideia de que a diversidade é positiva para o desenvolvimento das organizações, visto que ela amplia o acesso a novos segmentos no mercado, eleva a moral, assim como expande a criatividade e a produtividade das pessoas. Por outro lado, há quem sustente que suas práticas não têm efeitos comprovados na produtividade ou na lucratividade das empresas.

Esperamos que, após a leitura deste livro, você tenha percebido que, quando falamos sobre diversidade, o principal ponto não é o resultado para os negócios, mas sim a importância da aceitação e da inclusão de pessoas distintas, em uma sociedade que tende a estigmatizar aqueles que são "diferentes".

Agora, uma última pergunta: À medida que você lia esta obra, pensou em como a autora seria? Alta, baixa, magra, jovem, velha, negra, branca etc.? Ou apenas apreciou o trabalho, a forma como a autora escreve, independentemente de sua identidade social? Ainda assim, ficou claro o que a autora quis dizer?

Se você é estudante, empreendedor, empresário ou profissional de qualquer área de atuação, este livro foi escrito para você. Se precisa atuar, em seu dia a dia profissional, com funcionários/colegas que representam a diversidade aqui abordada, o conteúdo do livro poderá te ajudar a compreender melhor seu comportamento e proporcionar uma melhor atuação ante a diversidade. Esperamos, por fim, que consiga aplicar pelo menos parte do que leu aqui em seu trabalho e em sua vida.

Lista de siglas

CEO – *Chief executive officers*

CFM – Conselho Federal de Medicina

CID – Código Internacional de Doenças

CLT – Consolidação das Leis do Trabalho

CNCD/LGBT – Conselho Nacional de Combate à Discriminação e Promoção dos Direitos de Lésbicas, *Gays*, Bissexuais, Travestis e Transexuais

CTPS – Carteira de Trabalho e Previdência Social

Enap – Escola Nacional de Administração Pública

GIRH – Gestão internacional de recursos humanos

GIF – *Graphics Interchange Format*

GP – Gestão de pessoas

GTEDEO – Grupo de Trabalho para a Eliminação da Discriminação do Emprego e Ocupação

IBDD – Instituto Brasileiro dos Direitos da Pessoa com Deficiência

IBGE – Instituto Brasileiro de Geografia e Estatística

INSS – Instituto Nacional do Seguro Social

LGBTQ+ – Lésbicas, *gays*, bissexuais, transexuais e *queer*

LGBTQIA+ – Lésbicas, *gays*, bissexuais, travestis, transexuais e transgêneros, *queers*, intersexuais, assexuais e qualquer outra forma não representada no acrônimo

ODS – Objetivos de Desenvolvimento Sustentável

OIT – Organização Internacional do Trabalho

ONU – Organização das Nações Unidas

PcD – Pessoa com deficiência

PLR – Participação nos resultados

RH – Recursos humanos

UC – Universidades corporativas

Unesco – Organização das Nações Unidas para a Educação, a Ciência e a Cultura

Unilehu – Universidade Livre para a Eficiência Humana

WEPs – *Women's Empowerment Principles*

Referências

ABGLT – Associação Brasileira de Lésbicas, Gays, Bissexuais, Travestis e Transexuais. **Manual de Comunicação LGBT**: lésbicas, gays, bissexuais, travestis e transexuais. Disponível em: <https://unaids.org.br/wp-content/uploads/2015/09/Manual-de-Comunica%C3%A7%C3%A3o-LGBT.pdf>. Acesso em: 11 maio 2021.

AGARS, M. D.; KOTTKE, J. L. Models and Practice of Diversity Management: a Historical Review and Presentation of a New Integration Theory. In: STOCKDALE, M. S.; CROSBY, F. J. (Ed.). ***The Psychology and Management of Workplace Diversity***. 6. ed. Malden: Blackwell, 2004. p. 55-77.

AGÊNCIA IBGE NOTÍCIAS. **Em 2018, mulher recebia 79,5% do rendimento do homem**. 8 mar. 2019. Disponível em: <https://agenciadenoticias.ibge.gov.br/agencia-sala-de-imprensa/2013-agencia-de-noticias/releases/23923-em-2018-mulher-recebia-79-5-do-rendimento-do-homem>. Acesso em: 11 maio 2021.

ALVES, M. A.; GALEÃO-SILVA, L. G. A crítica da gestão da diversidade nas organizações. **Revista de Administração de Empresas**, São Paulo, v. 44, n. 3, p. 20-29, jul./set. 2004. Disponível em: <http://www.scielo.br/scielo.php?script=sci_arttext&pid=S0034-75902004000300003&lng=en&nrm=iso>. Acesso em: 11 maio 2021.

ARMSTRONG, C. et al. The Impact of Diversity and Equality Management on Firm Performance: beyond High Performance Work Systems. **Human Resource Management**, v. 49, n. 6, p. 977-998, Nov. 2010.

ARROW, K. J. What has Economics to Say about Racial Discrimination? **Journal of Economic Perspectives**, v. 12, n. 2, p. 91-100, 1998. Disponível em: <https://pubs.aeaweb.org/doi/pdfplus/10.1257/jep.12.2.91>. Acesso em: 30 mar. 2021.

ATHAYDE, A. L. M.; SILVA, L. S. O. Gestão internacional de pessoas: uma análise bibliométrica da produção científica em periódicos brasileiros, 2000-2017. **Recape – Revista de Carreiras e Pessoas**, v. 9, n. 3, p. 414-442, set./dez. 2019. Disponível em: <https://revistas.pucsp.br/index.php/ReCaPe/article/view/40402>. Acesso em: 11 maio 2020.

BARMEYER, C.; DAVOINE, E. Intercultural Competence of Binational Pairs as a Supporting Factor of Negotiated Culture in Binational Organisations: an Analysis of the French-German Case of Alleo. In: EGOS COLLOQUIUM, 31., 2015, Atenas. **Anais...** Atenas: [s.n.], 2015.

BATEMAN, T.; SNELL, S. **Administração**: construindo vantagem competitiva. Tradução de Celso A. Rimoli. São Paulo: Atlas, 1998.

BATISTA, C. A. M. **A inclusão da pessoa portadora de deficiência no mercado formal de trabalho**: um estudo sobre suas possibilidades nas organizações de Minas Gerais. 241 f. Dissertação (Mestrado em Ciências Sociais – Gestão das Cidades) – Pontifícia Universidade Católica de Minas Gerais, Belo Horizonte, 2002. Disponível em: <http://www.biblioteca.pucminas.br/teses/CiencSociais_BatistaCA_1.pdf>. Acesso em: 11 maio 2021.

BAXTER, H. C. **A Comparison of Diversity Training Methods on Perceptions of People with Physical Disabilities in the Workplace**. Indiana: Indiana University, 2003.

BEAUVOIR, S. **O segundo sexo**: a experiência vivida. Tradução de Sérgio Millet. Rio de Janeiro: Nova Fronteira, 1980.

BELL, M. P. et al. Voice, Silence, and Diversity in 21st Century Organizations: Strategies for Inclusion of Gay, Lesbian, Bisexual, and Transgender Employees. **Human Resource Management**, v. 50, n. 1, p. 131-146, Jan./Feb. 2011.

BELTRÃO, D. C.; BRUNSTEIN, J. Reconhecimento e construção da competência da pessoa com deficiência na organização em debate. **Revista de Administração**, v. 47, n. 1, p. 7-21, jan./mar. 2012. Disponível em: <https://www.scielo.br/pdf/rausp/v47n1/v47n1a01.pdf>. Acesso em: 11 maio 2021.

BENSCHOP, Y. Pride, Prejudice and Performance: Relations between HRM, Diversity and Performance. **The International Journal of Human Resource Management**, v. 12, n. 7, p. 1166-1181, Nov. 2001.

BEZERRA, S. S.; VIEIRA, M. M. F. Pessoa com deficiência intelectual: a nova "ralé" das organizações do trabalho. **Revista de Administração de Empresas**, São Paulo, v. 52, n. 2, p. 232-244, mar./abr. 2012. Disponível em: <https://www.scielo.br/pdf/rae/v52n2/v52n2a09.pdf>. Acesso em: 11 maio 2021.

BLEIJENBERGH, I.; PETERS, P.; POUTSMA, E. Diversity Management Beyond the Business Case. **Equality, Diversity and Inclusion: An International Journal**, v. 29, n. 5, p. 413-421, June 2010.

BLUM, T. C.; FIELDS, D. L.; GOODMAN, J. S. Organization-Level Determinants of Women in Management. **Academy of Management Journal**, v. 37, n. 2, p. 241-268, Apr. 1994.

BOHLANDER, G. W.; SNELL, S.; SHERMAN, A. **Administração de recursos humanos**. Tradução de Maria Lúcia G. Leite Rosa. São Paulo: Thomson Learning, 2003.

BORGES, F. F. **Inserção de pessoas com deficiência intelectual**: um estudo em empresas situadas na região metropolitana de São Paulo. 113 f. Dissertação (Mestrado em Administração) – Fundação Getúlio Vargas, São Paulo, 2012. Disponível em: <https://gvpesquisa.fgv.br/sites/gvpesquisa.fgv.br/files/flavio_fonseca_borges.pdf>. Acesso em: 11 maio 2021.

BORTOLETTO, G. E. **LGBTQIA+**: identidade e alteridade na comunidade. 32 f. Trabalho de Conclusão de Curso (Especialização em Gestão de Produção Cultural) – Universidade de São Paulo, São Paulo, 2019. Disponível em: <http://celacc.eca.usp.br/?q=pt-br/tcc_celacc/lgbtqia-identidade-alteridade-comunidade>. Acesso em: 11 maio 2021.

BOUCINHAS, C. **As novas gerações e as relações no trabalho**. 7 mar. 2012. Disponível em: <https://www.contadores.cnt.br/noticias/empresariais/2012/03/07/as-novas-geracoes-e-as-relacoes-no-trabalho.html>. Acesso em: 11 maio 2021.

BOWEN, D. E.; OSTROFF, C. Understanding HRM-Firm Performance Linkages: the Role of the "Strength" of the HRM System. **Academy of Management Review**, v. 29, n. 2, p. 203-221, Apr. 2004.

BRASIL. Decreto n. 129, de 22 de maio de 1991. **Diário Oficial da União**, Poder Executivo, Brasília, DF, 23 maio 1991a. Disponível em: <http://www.planalto.gov.br/ccivil_03/decreto/1990-1994/D0129.htm>. Acesso em: 11 maio 2021.

BRASIL. Decreto n. 3.298, de 20 de dezembro de 1999. **Diário Oficial da União**, Poder Executivo, Brasília, DF, 21 dez. 1999. Disponível em: <http://www.planalto.gov.br/ccivil_03/decreto/D3298.htm>. Acesso em: 11 maio 2021.

BRASIL. Decreto n. 3.956, de 8 de outubro de 2001. **Diário Oficial da União**, Poder Executivo, Brasília, DF, 9 out. 2001. Disponível em: <http://www.planalto.gov.br/ccivil_03/decreto/2001/d3956.htm>. Acesso em: 11 maio 2021.

BRASIL. Decreto n. 5.390, de 8 de março de 2005. **Diário Oficial da União**, Poder Executivo, Brasília, DF, 9 mar. 2005. Disponível em: <http://www.planalto.gov.br/ccivil_03/_ato2004-2006/2005/decreto/d5390.htm>. Acesso em: 11 maio 2021.

BRASIL. Decreto n. 10.088, de 5 de novembro de 2019. **Diário Oficial da União**, Poder Executivo, Brasília, DF, 6 nov. 2019. Disponível em: <http://www.planalto.gov.br/ccivil_03/_Ato2019-2022/2019/Decreto/D10088.htm#:~:text=Consolida%20atos%20normativos%20editados%20pelo,pela%20Rep%C3%BAblica%20Federativa%20do%20Brasil.>. Acesso em: 11 maio 2021.

BRASIL. Decreto-Lei n. 5.452, de 1º de maio de 1943. **Diário Oficial da União**, Poder Executivo, Brasília, DF, 9 ago. 1943. Disponível em: <http://www.planalto.gov.br/ccivil_03/decreto-lei/del5452.htm>. Acesso em: 11 maio 2021.

BRASIL. Lei n. 7.064, de 6 de dezembro de 1982. **Diário Oficial da União**, Poder Legislativo, Brasília, DF, 6 dez. 1982. Disponível em: <http://www.planalto.gov.br/ccivil_03/LEIS/L7064.htm>. Acesso em: 11 maio 2021.

BRASIL. Lei n. 8.112, de 11 de dezembro de 1990. **Diário Oficial da União**, Poder Executivo, Brasília, DF, 19 abr. 1991b. Disponível em: <http://www.planalto.gov.br/CCIVIL_03/leis/L8112cons.htm>. Acesso em: 11 maio 2021.

BRASIL. Lei n. 8.213, de 24 de julho de 1991. **Diário Oficial da União**, Poder Executivo, Brasília, DF, 25 jul. 1991c. Disponível em: <http://www.planalto.gov.br/ccivil_03/leis/L8213cons.htm>. Acesso em: 11 maio 2021.

BRASIL. Lei n. 9.459, de 13 de maio de 1997. **Diário Oficial da União**, Poder Legislativo, Brasília, DF, 14 maio 1997. Disponível em: <http://www.planalto.gov.br/ccivil_03/leis/l9459.htm>. Acesso em: 11 maio 2021.

BRASIL. Lei n. 10.097, de 19 de dezembro de 2000. **Diário Oficial da União**, Poder Executivo, Brasília, DF, 20 dez. 2000a. Disponível em: <http://www.planalto.gov.br/ccivil_03/leis/l10097.htm>. Acesso em: 11 maio 2021.

BRASIL. Lei n. 10.098, de 19 de dezembro de 2000. **Diário Oficial da União**, Poder Executivo, Brasília, DF, 20 dez. 2000b. Disponível em: <http://www.planalto.gov.br/ccivil_03/leis/L10098.htm>. Acesso em: 11 maio 2021.

BRASIL. Lei n. 11.788, de 25 de setembro de 2008. **Diário Oficial da União**, Poder Legislativo, Brasília, DF, 26 set. 2008. Disponível em: <http://www.planalto.gov.br/ccivil_03/_ato2007-2010/2008/lei/l11788.htm>. Acesso em: 11 maio 2021.

BRASIL. Lei n. 11.962, de 3 de julho de 2009. **Diário Oficial da União**, Poder Legislativo, Brasília, DF, 6 jul. 2009. Disponível em: <http://www.planalto.gov.br/ccivil_03/_ato2007-2010/2009/lei/l11962.htm#:~:text=LEI%20N%C2%BA%2011.962%2C%20DE%203,para%20prestar%20servi%C3%A7o%20no%20exterior.>. Acesso em: 11 maio 2021.

BRASIL. Lei n. 12.288, de 20 de julho de 2010. **Diário Oficial da União**, Poder Legislativo, Brasília, DF, 21 jul. 2010. Disponível em: <http://www.planalto.gov.br/ccivil_03/_ato2007-2010/2010/lei/l12288.htm>. Acesso em: 11 maio 2021.

BRASIL. Ministério da Fazenda. Portaria n. 15, de 16 de janeiro de 2018. **Diário Oficial da União**, Brasília, DF, 17 jan. 2018. Disponível em: <http://normas.receita.fazenda.gov.br/sijut2consulta/link.action?visao=anotado&idAto=89503>. Acesso em: 11 maio 2021.

BRASIL. Ministério do Trabalho e Emprego. Portaria n. 709, de 28 de maio de 2015. **Diário Oficial da União**, Brasília, DF, 1 jun. 2015a. Disponível em: <https://www.legisweb.com.br/legislacao/?id=285229>. Acesso em: 11 maio 2021.

BRASIL. Secretaria de Direitos Humanos da Presidência da República. Conselho Nacional de Combate à Discriminação e Promoção dos Direitos de Lésbicas, Gays, Bissexuais, Travestis e Transexuais. Resolução n. 12, de 16 de janeiro de 2015. **Diário Oficial da União**, Brasília, DF, 12 mar. 2015b. Disponível em: <https://crianca.mppr.mp.br/arquivos/File/legis/sdh/resolucao_cndc_lgbt_n12_2015__parecer_ref_identidade_de_genero_na_educacao.pdf>. Acesso em: 11 maio 2021.

BRASIL. Secretaria de Políticas de Promoção da Igualdade Racial. **Ações afirmativas**. Disponível em: <http://etnicoracial.mec.gov.br/acoes-afirmativas>. Acesso em: 11 maio 2021.

BUENO, J. M.; FREITAS, M. E. de. As equipes multiculturais em subsidiárias brasileiras de multinacionais: um estudo de casos múltiplos. **Organizações & Sociedade**, Salvador, v. 22, n. 72, p. 15-34, jan./mar. 2015. Disponível em: <https://www.redalyc.org/pdf/4006/400638362002.pdf>. Acesso em: 11 maio 2021.

CALEIRO, J. P. Os dados que mostram a desigualdade entre brancos e negros no Brasil. **Exame**, 20 nov. 2018. Disponível em: <https://exame.com/brasil/os-dados-que-mostram-a-desigualdade-entre-brancos-e-negros-no-brasil/>. Acesso em: 11 maio 2021.

CAMPOS, J. G. F. de; VASCONCELLOS, E. P. G. de; KRUGLIANSKAS, G. Incluindo pessoas com deficiência na empresa: estudo de caso de uma multinacional brasileira. **Revista de Administração**, São Paulo, v. 48, n. 3, p. 560-573, jul./set. 2013. Disponível em: <http://www.scielo.br/pdf/rausp/v48n3/13.pdf>. Acesso em: 11 maio 2021.

CARVALHO-FREITAS, M. N. de. et al. Comprometimento organizacional e qualidade de vida no trabalho para pessoas com e sem deficiência. **Psico-USF**, Bragança Paulista, v. 18, n. 1, p. 109-120, jan./abr. 2013. Disponível em: <https://www.scielo.br/pdf/pusf/v18n1/v18n1a12.pdf>. Acesso em: 11 maio 2021.

CARVALHO-FREITAS, M. N. de. et al. Socialização organizacional de pessoas com deficiência. **Revista de Administração de Empresas**, São Paulo, v. 50, n. 3, p. 264-275, jul./set. 2010. Disponível em: <http://www.scielo.br/scielo.php?script=sci_arttext&pid=S0034-75902010000300003>. Acesso em: 11 maio 2021.

CASTILLO, M. A. S. La gestión de la diversidad en la empresa. **Revista do Instituto Tecnológico Autónomo de México**, ano 3, set./nov. 2005.

CASTRO, B. L. G. de; PEZARICO, G.; BERNARTT, M. de L. Diversidade e interculturalidade no contexto organizacional: o caso dos trabalhadores haitianos em Pato Branco – Paraná. **Revista Eletrônica de Administração e Turismo**, v. 13, n. 1, jan./jun. 2019. Disponível em: <https://periodicos.ufpel.edu.br/ojs2/index.php/AT/article/viewFile/13817/10146>. Acesso em: 11 maio 2021.

CAVAZOTTE, F. de S. C. N.; HUMPHREY, R. H.; SLEETH, R. Competências emocionais e processos intragrupais: o papel de habilidade para expressar emoções e da empatia para a cooperação em grupos de trabalho. In: ENANPAD, 28., 2004, Curitiba. **Anais...** Disponível em: <http://www.anpad.org.br/admin/pdf/enanpad2004-cor-1446.pdf>. Acesso em: 11 maio 2021.

CERIBELI, H. B.; CERIBELI, M. C. B.; FERREIRA, F. J. R. Análise da qualidade de vida no trabalho (QVT) sob a perspectiva das diferenças entre gêneros. **Reuna**, Belo Horizonte, v. 21, n. 3, p. 5-24, jul./set. 2016. Disponível em: <https://revistas.una.br/reuna/article/view/767/660>. Acesso em: 11 maio 2021.

CHAVEZ, C. I.; WEISINGER, J. Y. Beyond Diversity Training: a Social Infusion for Cultural Inclusion. **Human Resource Management**, v. 47, n. 2, p. 331-350, May 2008.

CIEE – Centro de Integração Empresa-Escola. **Lei da Aprendizagem**. Disponível em: <https://portal.ciee.org.br/empresas/lei-da-aprendizagem/#:~:text=N%C2%BA%2010.097%2F2000%2C%20ampliada%20pelo,cujas%20fun%C3%A7%C3%B5es%20demandem%20forma%C3%A7%C3%A3o%20profissional>. Acesso em: 11 maio 2021.

COELHO, D. Ascensão profissional de homens e mulheres nas grandes empresas brasileiras. In: DE NEGRI, J. A.; DE NEGRI, F.; COELHO, D. (Org.). **Tecnologia, exportação e emprego**. Brasília: Ipea, 2006. p. 143-159. Disponível em: <https://www.ipea.gov.br/portal/images/stories/PDFs/livros/Cap_6.pdf>. Acesso em: 11 maio 2021.

COSTA, S. G. da. **Comportamento organizacional**: cultura e casos brasileiros. Rio de Janeiro: LTC, 2014.

COX JR., T. The Multicultural Organization. **The Executive**, v. 5, n. 2, p. 34-47, May 1991.

COX, T. H.; BLAKE, S. Managing Cultural Diversity: Implications for Organizational Competitiveness. **The Executive**, v. 5, n. 3, p. 45-56, Aug. 1991. Disponível em: <https://www.jstor.org/stable/4165021?seq=1#metadata_info_tab_contents>. Acesso em: 11 maio 2021.

CROSS, E. Y. Making the Invisible Visible. **Healthcare Forum**, v. 35, n. 1, p. 28-32, Jan./Feb. 1992.

DAY, N. E.; GREENE, P. G. A Case for Sexual Orientation Diversity Management in Small and Large Organizations. **Human Resource Management**, v. 47, n. 3, p. 637-654, Aug. 2008.

DE ANCA, C.; VÁZQUEZ, A. **Managing Diversity in the Global Organization**: Creating New Business Values. New York: Palgrave Macmillan, 2007.

DEARDORFF, D. K. Intercultural Competence: Mapping the Future Research Agenda. **International Journal of Intercultural Relations**, v. 48, p. 3-5, Sept. 2015.

EASLEY, C. A. Developing, Valuing and Management Diversity in the New Millennium. **Organization Development Journal**, v. 19, p. 38-50, 2001.

ENAP – Escola Nacional de Administração Pública. **Programa de Inclusão de Pessoas com Deficiência**. Brasília: 2017. Disponível em: <https://inclusao.enap.gov.br/wp-content/uploads/2018/04/Cartilha-Programa-de-Inclus%C3%A3o-de-Pessoas-com-Defici%C3%AAncia.pdf>. Acesso em: 11 maio 2021.

EPE – Employers for Pay Equity. **Mission Statement**. Disponível em: <http://www.employersforpayequity.com/>. Acesso em: 11 maio 2021.

ETTINGER, T. et al. Políticas de recrutamento e seleção nos programas de expatriação: uma comparação entre as transnacionais brasileiras. **Desenvolvimento em Questão**, ano 14, n. 34, abr./jun. 2016. Disponível em: <https://www.revistas.unijui.edu.br/index.php/desenvolvimentoemquestao/article/view/3082/4871>. Acesso em: 11 maio 2021.

FELLOWS, A. Z. Diversidade cultural: competências para gerenciá-la. In: ENANPAD, 29., 2005, Brasília. **Anais...** Brasília: Anpad, 2005. Disponível em: <http://www.anpad.org.br/diversos/down_zips/9/enanpad2005-gpra-0135.pdf>. Acesso em: 11 maio 2021.

FERNANDES, A. L.; MOURA, A. S. D. de; RIBEIRO, L. P. O processo de recrutamento e seleção do profissional portador de deficiência nas organizações: inclusão ou integração? In: ENCONTRO DE GESTÃO DE PESSOAS E RELAÇÕES DE TRABALHO, 3., 2011, João Pessoa. **Anais...** João Pessoa: EnGPR, 2011. Disponível em: <http://www.anpad.org.br/admin/pdf/2011_ENGPR292.pdf>. Acesso em: 11 maio 2021.

FERNANDES, I. A diversidade da condição humana e a deficiência do conhecimento: no convívio com as diferenças e as singularidades individuais. **Textos & Contextos**, v. 2, n. 1, p. 1-11, dez. 2003. Disponível em: <https://revistaseletronicas.pucrs.br/ojs/index.php/fass/article/view/960>. Acesso em: 11 maio 2021.

FERREIRA, P. I. **Atração e seleção de talentos**. Rio de Janeiro: LTC, 2014. (Série MBA – Gestão de Pessoas).

FERREIRA, P. I. **Gestão por competências**. Rio de Janeiro: LTC, 2015. (Série MBA – Gestão de Pessoas).

FIA – Fundação Instituto de Administração. **Atmosfera FIA**. Disponível em: <https://employeeexperience.fia.com.br/>. Acesso em: 11 maio 2021.

FIGUEIRA, E. **Caminhando em silêncio**: uma introdução à trajetória das pessoas com deficiência na história do Brasil. São Paulo: Giz, 2008.

FINURAS, P. **Gestão intercultural**: pessoas e carreiras na era da globalização. Lisboa: Sílabo, 2003.

FLEURY, M. T. L. Gerenciando a diversidade cultural: experiências de empresas brasileiras. **Revista de Administração de Empresas**, São Paulo, v. 40, n. 3, p. 18-25, jul./set. 2000. Disponível em: <http://www.scielo.br/pdf/rae/v40n3/v40n3a03.pdf> Acesso em: 11 maio 2021.

FLORES-PEREIRA, M. T.; ECCEL, C. S. Diversidade nas organizações: uma introdução ao tema. In: BITENCOURT, C. et al. (Org.). **Gestão contemporânea de pessoas**: novas práticas, conceitos tradicionais. 2. ed. Porto Alegre: Bookman, 2010. p. 335-352.

FÓRUM DE EMPRESAS E DIREITOS LGBTI+. **10 compromissos**. Disponível em: <https://www.forumempresaslgbt.com/10-compromissos>. Acesso em: 11 maio 2021a.

FÓRUM DE EMPRESAS E DIREITOS LGBTI+. **O Fórum**. Disponível em: <https://www.forumempresaslgbt.com/o-forum>. Acesso em: 11 maio 2021b.

FREITAS, M. E. de; DANTAS, M. O estrangeiro e o novo grupo. **Revista de Administração de Empresas**, São Paulo, v. 51, n. 6, p. 601-608, nov./dez. 2011. Disponível em: <https://rae.fgv.br/rae/vol51-num6-2011/estrangeiro-novo-grupo-0>. Acesso em: 11 maio 2021.

GALEÃO-SILVA, L. G.; ALVES, M. A. A crítica do conceito de diversidade nas organizações. In: ENCONTRO DE ESTUDOS ORGANIZACIONAIS, 2., 2002, Recife. **Anais...** Recife: Observatório da Realidade Organizacional; Propad/UFPE; Anpad, 2002. Disponível em: <http://www.anpad.org.br/admin/pdf/ eneo2002-70.pdf>. Acesso em: 11 maio 2021.

GALLON, S.; ANTUNES, E. di D. Processo de expatriação: um modelo com fases e práticas. **Revista Eletrônica de Estratégia & Negócios**, Florianópolis, v. 8, n. 2, maio/ago. 2015. Disponível em: <http://www.portaldeperiodicos.unisul.br/index.php/EeN/article/view/2350/2502>. Acesso em: 11 maio 2021.

GARCIA, V. G. Panorama da inclusão das pessoas com deficiência no mercado de trabalho no Brasil. **Trabalho, Educação e Saúde**, Rio de Janeiro, v. 12, n. 1, p. 165-187, jan./abr. 2014. Disponível em: <http://www.scielo.br/scielo.php?script=sci_arttext&pid=S1981-77462014000100010&lng=en&nrm=iso>. Acesso em: 11 maio 2021.

GERMANO, N. A. G. da C. **Afro-Descendants' Experiences in Portuguese Workplaces**: *Perspectives* on *Subtle Discrimination* and *HRM Practices* in *Managing Diversity*. Dissertação (Master in Human Resources Management and Organizational Consultancy) – Instituto Universitário de Lisboa, Lisboa, 2019. Disponível em: <https://repositorio.iscte-iul.pt/bitstream/10071/19523/1/master_natacha_costa_germano.pdf>. Acesso em: 11 maio 2021.

GLAAD – Gay & Lesbian Alliance Against Defamation. **GLAAD's Annual Report on LGBTQ Inclusion**. Where we are on TV 2016/2017. 2016-2017. Disponível em: <https://glaad.org/files/WWAT/WWAT_GLAAD_2016-2017.pdf>. Acesso em: 11 maio 2021.

GOLEMBIEWSKI, R. T. **Managing Diversity in Organizations**. Tuscaloosa: University of Alabama Press, 1995.

GOMES, J. C.; ZENAIDE, M. de N. T. A trajetória do movimento social pelo reconhecimento da cidadania LGBT. **Tear – Revista de Educação, Ciência e Tecnologia**, Canoas, v. 8, n. 1, p. 1-20, 2019. Disponível em: <https://periodicos.ifrs.edu.br/index.php/tear/article/view/3402#:~:text=Trata%2Dse%2C%20portanto%2C%20de,luta%20pelo%20reconhecimento%20da%20cidadania>. Acesso em: Acesso em: 11 maio 2021.

GONÇALVES, E. B. do P. et al. Gestão da diversidade: um estudo de gênero e raça em grandes empresas brasileiras. **Enfoque: Reflexão Contábil**, v. 35, n. 1, p. 95-111, jan./abr. 2016. Disponível em: <http://periodicos.uem.br/ojs/index.php/Enfoque/article/view/30050>. Acesso em: 11 maio 2021.

GORDONO, F. S. **Conceitos, práticas e estudo de casos da gestão da diversidade em empresas do centro-oeste paulista**. 68 f. Dissertação (Mestrado em Engenharia de Produção) – Universidade Estadual Paulista "Júlio de Mesquita Filho", Bauru, 2009. Disponível em: <https://repositorio.unesp.br/bitstream/handle/11449/94776/gordono_fs_me_bauru.pdf?sequence=1&isAllowed=y>. Acesso em: 11 maio 2021.

GPTW – Great Place to Work. **Melhores Empresas GPTW 50+ 2020**. 2020a. Disponível em: <https://d335luupugsy2.cloudfront.net/cms%2Ffiles%2F2705%2F1598548172GPTW_CONT_EstudoLista50_2020_v1.pdf>. Acesso em: 11 maio 2021.

GPTW – Great Place to Work. **Melhores Empresas GPTW Étnico-Racial 2020**. 2020b. Disponível em: <https://rdstation-static.s3.amazonaws.com/cms%2Ffiles%2F2705%2F1591827357GPTW_tnico-Racial_2020.pdf>. Acesso em: 11 maio 2021.

GPTW – Great Place to Work. **Melhores Empresas GPTW LGBTQI+ 2020**. 2020c. Disponível em: <https://d335luupgsy2.cloudfront.net/cms/files/2705/1592426700GPTW_CONT_Estudo_Lista_LGBTQI2020_VF.pdf>. Acesso em: 11 maio 2021.

GPTW – Great Place to Work. **Melhores Empresas GPTW Mulher 2020**. 2020d. Disponível em: <https://rdstation-static.s3.amazonaws.com/cms%2Ffiles%2F2705%2F1593185398GPTW_Mulher_2020_-_Estudos_v6.pdf>. Acesso em: 11 maio 2021.

GPTW – Great Place to Work. **Destaque GPTW PCD 2020**. 2020e. Disponível em: <https://d335luupgsy2.cloudfront.net/cms%2Ffiles%2F2705%2F1607953982GPTW_CONT_Estudo_Lista_PCD2020_v4.pdf>. Acesso em: 11 maio 2021.

GRUPO CATARATAS. **Grupo Cataratas**: uma das 10 melhores empresas LGBTQI+ para trabalhar no Brasil! 18 jun. 2020. Disponível em: <https://grupocataratas.com/grupo-cataratas-uma-das-10-melhores-empresas-lgbtqi-para-trabalhar-no-brasil/>. Acesso em: 11 maio 2021.

HAYS-THOMAS, R. Why Now? The Contemporary Focus on Managing Diversity. In: STOCKDALE, M. S.; CROSBY, F. J. (Ed.). **The Psychology and Management of Workplace Diversity**. 6. ed. Malden: Blackwell, 2004. p. 3-30.

HERRING, C. Does Diversity Pay? Race, Gender, and the Business Case for Diversity. **American Sociological Review**, v. 74, n. 2, p. 208-224, Apr. 2009.

HOFSTEDE, G. **Culturas e organizações**: compreender a nossa programação mental. Lisboa: Sílabo, 1997.

HOLVINO, E.; FERDMAN, B. M.; MERRILL-SANDS, D. Creating and Sustaining Diversity and Inclusion in Organizations: Strategies and Approaches. In: STOCKDALE, M. S.; CROSBY, F. J. (Ed.). **The Psychology and Management of Workplace Diversity**. 6. ed. Malden: Blackwell, 2004. p. 245-276.

HOLVINO, E.; KAMP, A. Diversity Management: Are We Moving in the Right Direction? Reflections from Both Sides of the North Atlantic. **Scandinavian Journal of Management**, v. 25, n. 4, p. 395-403, Dec. 2009. Disponível em: <http://www.chaosmanagement.com/images/stories/pdfs/DMArewe%20movingin%20the%20rightdirectionHolvinoKamp2009.pdf>. Acesso em: 11 maio 2021.

HUFFMAN, A. H.; WATROUS-RODRIGUEZ; K. M.; KING, E. B. Supporting a Diverse Workforce: what Type of Support is most Meaningful for Lesbian and Gay Employees? **Human Resource Management**, v. 47, n. 2, p. 237-253, June 2008.

INSTITUTO ETHOS. **Como as empresas podem (e devem) valorizar a diversidade**. São Paulo, 2000. Disponível em: <https://www.ethos.org.br/wp-content/uploads/2012/12/30.pdf>. Acesso em: 11 maio 2021.

INSTITUTO ETHOS. **Indicadores Ethos-Ceert para Promoção da Equidade Racial**. São Paulo: Instituto Ethos; Ceert, 2016a. Disponível em: <https://media.ceert.org.br/portal-3/pdf/publicacoes/indicadoresethos-ceert-para-promocao-de-equidade-racial.pdf>. Acesso em: 11 maio 2021.

INSTITUTO ETHOS. **Indicadores Ethos-Ceert para Promoção da Equidade Racial**. Versão para consulta pública. São Paulo, 2016b. Disponível em: <https://www.ethos.org.br/wp-content/uploads/2016/08/Ethos-Ceert_Promo%C3%A7%C3%A3o-da-Equidade-Racial-CP.pdf>. Acesso em: 11 maio 2021.

INSTITUTO ETHOS. **Perfil social, racial e de gênero das 500 maiores empresas do Brasil e suas ações afirmativas**. São Paulo: Instituto Ethos; Banco Interamericano de Desenvolvimento, 2016c. Disponível em: <https://www.ethos.org.br/wp-content/uploads/2016/05/Perfil_Social_Tacial_Genero_500empresas.pdf>. Acesso em: 11 maio 2021.

IPEA – Instituto de Pesquisa Econômica Aplicada. Programa Pró-Equidade de Gênero e Raça. **O que é?** Disponível em: <https://www.ipea.gov.br/sites/proequidade/o-que-e>. Acesso em: 11 maio 2021.

IRIGARAY, H. A. R. Estratégia de sobrevivência dos gays no ambiente de trabalho. In: ENANPAD, 31., 2007, Rio de Janeiro. **Anais...** Disponível em: <http://www.anpad.org.br/admin/pdf/EOR-A216.pdf>. Acesso em: 11 maio 2021.

IRIGARAY, H. A. R.; FREITAS, M. E. de. Sexualidade e organizações: estudo sobre lésbicas no ambiente de trabalho. **Organizações & Sociedade**, Salvador, v. 18, n. 59, p. 625-641, out./dez. 2011. Disponível em: <http://www.scielo.br/scielo.php?script=sci_arttext&pid=S1984-92302011000400004&lng=en&nrm=iso>. Acesso em: 11 maio 2021.

JAIME, P. **Executivos negros**: racismo e diversidade no mundo empresarial. São Paulo: Edusp, 2016.

JOHNSTON, D.; MALINA, M. A. Managing Sexual Orientation Diversity: the Impact on Firm Value. **Group & Organization Management**, v. 33, n. 5, p. 602-625, 2008.

KANDOLA, R.; FULLERTON, J. Diversity: More than Just an Empty Slogan. **Personnel Management**, v. 26, n. 11, p. 47-50, Nov. 1994.

KIRTON, G.; GREENE, A-M. **The Dynamics of Managing Diversity**: a Critical Approach. London: Routledge, 2015.

KLAFFKE, M. **Generationen-Management**: Konzepte, Instrumente, Good-Practice-Ansätze. Berlin: Springer Gabler, 2014.

KOCHAN, T. et al. The Effects of Diversity on Business Performance: Report of the Diversity Research Network. **Human Resource Management**, v. 42, n. 1, p. 3-21, Jan. 2003.

KPMG. **Cartilha pela diversidade de raça**. São Paulo: KPMG; Faculdade Zumbi dos Palmares,2018. Disponível em: <https://assets.kpmg/content/dam/kpmg/br/pdf/2018/11/cartilha-diversidade-raca-2018.pdf>. Acesso em: 11 maio 2021.

KUABARA, P. S. S. **O processo de aprendizagem organizacional, cerimonialismo e competência organizacional de gestão da diversidade**: um estudo de caso no setor supermercadista de Curitiba – PR. Dissertação (Mestrado em Administração) – Universidade Federal do Paraná, Curitiba, 2013. Disponível em: <https://acervodigital.ufpr.br/bitstream/handle/1884/32299/R%20-%20D%20-%20PAULA%20SUEMI%20SOUZA%20KUABARA.pdf?sequence=1&isAllowed=y>. Acesso em: 11 maio 2021.

LACERDA, D. P. Cultura organizacional: sinergias e alergias entre Hofstede e Trompenaars. **Revista de Administração Pública**, Rio de Janeiro, v. 45, n. 5, p. 1.285-1.301, set./out. 2011. Disponível em: <http://www.scielo.br/scielo.php?script=sci_arttext&pid=S0034-76122011000500003&lng=en&nrm=iso>. Acesso em: 11 maio 2021.

LARA, G. B.; ÁVILA, M. R. do C.; CARVALHO-FREITAS, M. N. de. A questão cognitiva e afetiva na inserção das pessoas com deficiência no mercado de trabalho. **Psicologia em Pesquisa**, v. 2, n. 1, p. 46-59, jan./jun. 2008. Disponível em: <https://periodicos.ufjf.br/index.php/psicologiaempesquisa/article/view/23680>. Acesso em: 11 maio 2021.

LAZARETTI, B. Com foco na capacitação, Bradesco leva prêmio de diversidade e inclusão. **UOL Economia**, 1º dez. 2020. Disponível em: <https://economia.uol.com.br/noticias/redacao/2020/12/01/com-foco-na-capacitacao-bradesco-leva-premio-de-diversidade-e-inclusao.htm>. Acesso em: 11 maio 2021.

LEITE, M. de P.; SOUZA, S. M. de. Políticas de emprego e igualdade de oportunidades de gênero e raça no Brasil. In: OIT – Organização Internacional do Trabalho. Igualdade de gênero e raça no trabalho: avanços e desafios. Brasília: OIT, 2010. p. 101-146. Disponível em: <https://www.ilo.org/wcmsp5/groups/public/---americas/---ro-lima/---ilo-brasilia/documents/publication/wcms_229333.pdf>. Acesso em: 11 maio 2021.

LEITE, P. V.; LORENTZ, C. N. Inclusão de pessoas com Síndrome de Down no mercado de trabalho. **Inclusão Social**, Brasília, DF, v. 5 n. 1, p. 114-129, jul./dez. 2011. Disponível em: <http://revista.ibict.br/inclusao/article/view/1672>. Acesso em: 11 maio 2021.

LEMOS, A. H. da C. Juventude, gerações e trabalho: ampliando o debate. **Organização & Sociedade**, Salvador, v. 19, n. 63, p. 739-743, out./dez. 2012. Disponível em: <https://www.scielo.br/pdf/osoc/v19n63/v19n63a10.pdf>. Acesso em: 11 maio 2021.

LEONE, E. T. Os impactos do crescimento econômico com inclusão social na participação das mulheres no mercado de trabalho. In: LEONE, E. T.; KREIN, J. D.; TEIXEIRA, M. O. (Org.). **Mundo do trabalho das mulheres**: ampliar direitos e promover a igualdade. São Paulo: Secretaria de Políticas do Trabalho e Autonomia Econômica das Mulheres; Campinas: Unicamp, 2017. p. 13-37. Disponível em: <https://www.eco.unicamp.br/images/publicacoes/Livros/geral/Mundo%20do%20trabalho%20das%20mulheres_ampliar%20direitos%20e%20promover%20a%20igualdade.pdf>. Acesso em: 11 maio 2021.

LEUNG, K.; ANG, S.; TAN, M. L. Intercultural Competence. **Annual Review of Organizational Psychology and Organizational Behavior**, v. 1, n. 1, p. 489-519, Mar. 2014.

LIMA, G. S.; LIMA, M. S.; TANURE, B. Os desafios da carreira da mulher executiva no Brasil. In: ENCONTRO DE GESTÃO DE PESSOAS E RELAÇÕES DE TRABALHO, 2., 2009, Curitiba. **Anais...** Curitiba: EnGPR, 2009. Disponível em: <http://www.anpad.org.br/admin/pdf/EnGPR387.pdf>. Acesso em: 11 maio 2021.

LIMA, L. C.; LUCAS, A. C. Gestão da diversidade e gestão de pessoas: implicações para a área de recursos humanos. In: ENCONTRO DE ESTUDOS ORGANIZACIONAIS DA ANPAD, 7., 2012, Curitiba. **Anais...** Disponível em: <https://mestrado.unihorizontes.br/wp-content/uploads/2019/09/Gest%C3%A3o-da-Diversidade-e-Gest%C3%A3o-de-Pessoas-implicacoes-para-a-area-de-RH.pdf>. Acesso em: 11 maio 2021.

LODEN, M.; ROSENER, J. B. **Workforce America**! Managing Employee Diversity as a Vital Resource. New York: McGraw-Hill Education, 1991.

MACCALI, N. et al. As práticas de recursos humanos para a gestão da diversidade: a inclusão de deficientes intelectuais em uma federação pública do Brasil. **Revista de Administração Mackenzie**, São Paulo, v. 16, n. 2, p. 157-187, mar./abr. 2015. Disponível em: <http://www.scielo.br/scielo.php?script=sci_arttext&pid=S1678-69712015000200157&lng=en&nrm=iso>. Acesso em: 11 maio 2021.

MACIEL, M. R. C. Portadores de deficiência: a questão da inclusão social. **São Paulo em Perspectiva**, São Paulo, v. 14, n. 2, p. 51-56, abr./jun. 2000. Disponível em: <http://www.scielo.br/scielo.php?script=sci_arttext&pid=S0102-88392000000200008&lng=en&nrm=iso>. Acesso em: 11 maio 2021.

MARQUES, J. R. O que é coaching e mentoring? **IBC – Instituto Brasileiro de Coaching**, 19 nov. 2020. Disponível em: <https://www.ibccoaching.com.br/portal/coaching/o-que-e-coaching-e-mentoring/>. Acesso em: 11 maio 2021.

MARTINEZ, V. de L. P. R. **Gestão da diversidade e pessoas com deficiência**: percepção dos gestores e empregados sobre os impactos da lei de cotas. 221 f. Dissertação (Mestrado em Administração) – Universidade de São Paulo, São Paulo, 2008. Disponível em: <https://teses.usp.br/teses/disponiveis/12/12139/tde-04092008-165226/publico/Dissertacao_Gestao_da_Diversidade_Victor_Richarte.pdf>. Acesso em: 11 maio 2021.

MCMILLAN-CAPEHART, A. Heterogeneity or Homogeneity: Socialization Makes the Difference When Diversity Is at Stake. **Performance Improvement Quarterly**, v. 19, n. 1, p. 83-98, 2006.

MCMILLAN-CAPEHART, A.; GRUBB, W. L.; HERDMAN, A. Affirmative Action Decisions: When Ignorance is Bliss. **Equal Opportunities International**, v. 28, n. 5, p. 415-431, 2009. Disponível em: <https://www.researchgate.net/profile/Amy_Mcmillan3/publication/235255504_Affirmative_action_decisions_when_ignorance_is_bliss/links/54db80ed0cf261ce15d034d5.pdf>. Acesso em: 11 maio 2021.

MEDEIROS, C. R. de O.; BORGES, J. F.; MIRANDA, R. Estereótipos de gênero e carreira executiva na literatura gerencialista. **Gestão. rg**, v. 8, n. 1, p. 81-97, jan./abr. 2010. Disponível em: <https://periodicos.ufpe.br/revistas/gestaoorg/article/view/21476/18170>. Acesso em: 11 maio 2021.

MENDES, E. G. Construindo um "lócus" de pesquisas sobre inclusão escolar. In: MENDES, E. G.; ALMEIDA, M. A.; WILLIAMS, L. C. de. **Temas em educação especial**: avanços recentes. São Carlos: EdUFSCAR, 2004a. p. 221-230.

MENDES, R. H. Desmistificando os impactos da diversidade no desempenho das organizações. In: ENCONTRO NACIONAL DE ESTUDOS ORGANIZACIONAIS, 3., 2004, Atibaia. **Anais...** Atibaia: Anpad, 2004b.

MICKENS, E. Including Sexual Orientation in Diversity Programs and Policies. **Employment Relations Today**, v. 21, n. 3, p. 263-275, 1994.

MIRANDA, A. V. de; CARVALHO, J. L. F. Inclusão profissional de pessoas com deficiências: um estudo sobre as políticas e práticas adotadas por empresas do setor de óleo e gás do Estado do Rio de Janeiro. **REGE – Revista de Gestão**, v. 23, n. 3, p. 186-196, jul./set. 2016. Disponível em: <https://www.revistas.usp.br/rege/article/view/121204/118152>. Acesso em: 11 maio 2021.

MOEHLECKE, S. Ação afirmativa: história e debates no Brasil. **Cadernos de Pesquisa**, n. 117, p. 197-217, nov. 2002. Disponível em: <http://www.scielo.br/pdf/cp/n117/15559.pdf>. Acesso em: 11 maio 2021

MONKS, K. **The Business Impact of Equality and Diversity**: the International Evidence. Dublin: The Equality Authority; The National Centre for Partnership and Performance, 2007.

MORAES, E. L. de. A Política de Promoção da Igualdade de Gênero e a relação com o trabalho. In: OIT – Organização Internacional do Trabalho. **Igualdade de gênero e raça no trabalho**: avanços e desafios. Brasília: OIT, 2010. p. 81-100. Disponível em: <https://www.ilo.org/wcmsp5/groups/public/---americas/---ro-lima/---ilo-brasilia/documents/publication/wcms_229333.pdf>. Acesso em: 11 maio 2021.

MOR BARAK, M. E. **Managing Diversity**: Toward a Globally Inclusive Workplace. Thousand Oaks: Sage, 2005.

MOSCA, H.; ITALA, P. **Administração na prática**. São Paulo: Espro, 2018.

MOVIMENTO + MULHER 360. **Programa ME@Unilever visa atrair mulheres para as áreas de engenharia**. 30 mar. 2020. Disponível em: <https://movimentomulher360.com.br/praticas/programa-meunilever-visa-atrair-mulheres-para-as-areas-de-engenharia/>. Acesso em: 11 maio 2021.

MOVIMENTO + MULHER 360. **Whirlpool realiza, entre outras ações, treinamentos com foco em vieses inconscientes**. 19 dez. 2019. Disponível em: <https://movimentomulher360.com.br/praticas/whirlpool-realiza-entre-outras-acoes-treinamentos-com-foco-em-vieses-inconscientes/>. Acesso em: 11 maio 2021.

MULTICULTURAL WORK FORCE. In: BURTON III, V. L. (Ed.). **Encyclopedia of Small Business**. 4. ed. Michigan: Gale, 2011. p. 850-852. v. 2.

NAÇÕES UNIDAS BRASIL. **Objetivos de Desenvolvimento Sustentável**. Disponível em: <https://brasil.un.org/pt-br/sdgs>. Acesso em: 11 maio 2021a.

NAÇÕES UNIDAS BRASIL. **Objetivo de Desenvolvimento Sustentável 4**. Disponível em: <https://brasil.un.org/pt-br/sdgs/4>. Acesso em: 11 maio 2021b.

NAÇÕES UNIDAS BRASIL. **Objetivo de Desenvolvimento Sustentável 5**. Disponível em: <https://brasil.un.org/pt-br/sdgs/5>. Acesso em: 11 maio 2021c.

NAÇÕES UNIDAS BRASIL. **Objetivo de Desenvolvimento Sustentável 8**. Disponível em: <https://brasil.un.org/pt-br/sdgs/8>. Acesso em: 11 maio 2021d.

NAÇÕES UNIDAS BRASIL. **Objetivo de Desenvolvimento Sustentável 10**. Disponível em: <https://brasil.un.org/pt-br/sdgs/10>. Acesso em: 11 maio 2021e.

NAÇÕES UNIDAS BRASIL. **Objetivo de Desenvolvimento Sustentável 11**. Disponível em: <https://brasil.un.org/pt-br/sdgs/11>. Acesso em: 11 maio 2021f.

NAÇÕES UNIDAS BRASIL. **Objetivo de Desenvolvimento Sustentável 17**. Disponível em: <https://brasil.un.org/pt-br/sdgs/17>. Acesso em: 11 maio 2021g.

NEVADO, P. P. A opção expatriado-local na gestão de topo das subsidiárias das empresas multinacionais: o caso das subsidiárias portuguesas de empresas alemãs. **Department of Management Working Paper Series**, n. 1, 2003. Disponível em: <https://www.repository.utl.pt/bitstream/10400.5/2187/1/N1_2003.pdf>. Acesso em: 11 maio 2021.

NISHII, L. H.; LEPAK, D. P.; SCHNEIDER, B. Employee Attributions of the "Why" of HR Practices: their Effects on Employee Attitudes and Behaviors, and Customer Satisfaction. **Personnel Psychology**, v. 61, n. 3, p. 503-545, Sept. 2008.

NITAHARA, A. Negros são maioria entre desocupados e trabalhadores informais no país. **Agência Brasil**, 13 nov. 2019. Disponível em: <https://agenciabrasil.ebc.com.br/economia/noticia/2019-11/negros-sao-maioria-entre-desocupados-e-trabalhadores-informais-no-pais>. Acesso em: 11 maio 2021.

OGLIARI, C. E. do N. **A orientação das pessoas em relação à diversidade da força de trabalho**: um estudo de caso na Volvo do Brasil. Dissertação (Mestrado em Gestão Empresarial) – Fundação Getúlio Vargas, Rio de Janeiro, 2009. Disponível em: <http://bibliotecadigital.fgv.br/dspace/bitstream/handle/10438/4244/RELAT%c3%93RIO%20DISSERTA%c3%87%c3%83O%20_Carlos%20Ogliari.pdf?sequence=8&isAllowed=y>. Acesso em: 11 maio 2021.

OIT – Organização Internacional do Trabalho. **Convenção n. 159**. 1983. Disponível em: <https://abres.org.br/wp-content/uploads/2019/11/convencao_n_159_sobre_reabilitacao_profissional_e_emprego_de_pessoas_deficientes_de_1_6_1983.pdf>. Acesso em: 11 maio 2021.

OIT – Organização Internacional do Trabalho. **Igualdade de gênero e raça no trabalho**: avanços e desafios. Brasília, 2010. Disponível em: <http://www.ilo.org/wcmsp5/groups/public/---americas/---ro-lima/---ilo-brasilia/documents/publication/wcms_229333.pdf>. Acesso em: 11 maio 2021.

OIT – Organização Internacional do Trabalho. **Mulheres ainda são menos propensas a atuar no mercado de trabalho do que os homens na maior parte do mundo, diz OIT**. 7 mar. 2018. Disponível em: <https://www.ilo.org/brasilia/noticias/WCMS_619819/lang--pt/index.htm>. Acesso em: 11 maio 2021.

OLIVEIRA, H. de M. Internacionalização de empresas brasileiras: desenvolvimento de gestores como fator essencial para a estratégia de negócios. **Future Studies Research Journal**, São Paulo, v. 3, n. 1, p. 111-139, jan./jul. 2011. Disponível em: <https://www.futurejournal.org/FSRJ/article/download/68/123>. Acesso em: 11 maio 2021.

OLIVEIRA, J. S. de. Gestão da diversidade: o desafio dos negros nas organizações brasileiras. In: ENANPAD, 31., 2007, Rio de Janeiro. **Anais...** Rio de Janeiro: Anpad, 2007. Disponível em: <http://www.anpad.org.br/diversos/down_zips/33/GPR-A1917.pdf>. Acesso em: 11 maio 2021.

ONU – Organização das Nações Unidas. Declaração e Programa de Ação. In: CONFERÊNCIA MUNDIAL CONTRA O RACISMO, DISCRIMINAÇÃO RACIAL, XENOFOBIA E INTOLERÂNCIA CORRELATA, 3., Durban, África do Sul, set. 2001. Disponível em: <https://brazil.unfpa.org/sites/default/files/pub-pdf/declaracao_durban.pdf>. Acesso em: 11 maio 2021.

ONU MULHERES. **Princípios de empoderamento das mulheres**. 2016. Disponível em: <http://www.onumulheres.org.br/wp-content/uploads/2016/04/cartilha_WEPs_2016.pdf>. Acesso em: 11 maio 2021.

PACHECO, H. de P. Comunicação organizacional: sua funcionalidade dentro da gestão da diversidade nas empresas. In: CONGRESO ASOCIACIÓN LATINOAMERICANA DE INVESTIGADORES DE LA COMUNICACIÓN, 6., 2003, Santa Cruz de la Sierra. **Anais...**

PAIVA, M. P. de V.; RODRIGUES, J. L. K. Cultura organizacional em organizações multiculturais. ENCONTRO DE INICIAÇÃO CIENTÍFICA, 17.; MOSTRA DE PÓS-GRADUAÇÃO, 13.; SEMINÁRIO DE EXTENSÃO, 7.; SEMINÁRIO DE DOCÊNCIA UNIVERSITÁRIA, 4., 2012, Taubaté. **Anais...** Disponível em: <http://plutao.sid.inpe.br/col/dpi.inpe.br/plutao/2012/11.28.13.53.57/doc/paiva_cultura.pdf?metadatarepository=dpi.inpe.br/plutao/2012/11.28.13.53.58&mirror=dpi.inpe.br/plutao@80/2008/08.19.15.01.21>. Acesso em: 11 maio 2021.

PATI, C. Estas empresas criaram programas para recrutar quem tem mais de 50 anos. **Você RH**, 1º out. 2019. Disponível em: <https://vocerh.abril.com.br/mercado-vagas/estas-empresas-criaram-programas-para-recrutar-quem-tem-mais-de-50-anos/>. Acesso em: 11 maio 2021.

PEREIRA, J. B. C.; HANASHIRO, D. M. M. A gestão da diversidade: uma questão de valorização ou de dissolução das diferenças? In: ENANPAD, 31., 2007, Rio de Janeiro. **Anais...** Disponível em: <http://www.anpad.org.br/admin/pdf/EOR-B3178.pdf>. Acesso em: 11 maio 2021.

PINTO, E. L.; MIDLEJ, S. Programa Pró-Equidade de Gênero: uma discussão sobre relações entre homens e mulheres na Caixa Econômica Federal. **Revista de Administração Pública**, Rio de Janeiro, v. 46, n. 6, p. 1529-1550, nov./dez. 2012. Disponível em: <http://www.scielo.br/scielo.php?script=sci_arttext&pid=S0034-76122012000600006&lng=en&nrm=iso>. Acesso em: 11 maio 2021.

POMPEU, S. L. E.; POMPEU, W. L. E. Políticas inclusivas de gestão de pessoas e orientação sexual: um estudo bibliográfico com base nas boas práticas internacionais. In: SIMPÓSIO DE EXCELÊNCIA EM GESTÃO E TECNOLOGIA, 12., 2015, Rio de Janeiro. **Anais...** Disponível em: <https://www.aedb.br/seget/arquivos/artigos15/822279.pdf>. Acesso em: 11 maio 2021.

PURCELL, J. Best Practice and Best Fit: Chimera or Cul-De-Sac? **Human Resource Management Journal**, v. 9, n. 3, p. 26-41, July 1999.

PWC. **Out to Succeed**: Realising the Full Potential of LGBT+ Talent – Global Survey Finds Businesses Need To Do More to Attract and Support LGBT+ Talent. 2018. Disponível em: <https://www.pwc.com/gx/en/people-organisation/pdf/outnext-survey.pdf>. Acesso em: 11 maio 2021.

RABELO, A. M.; NUNES, S. C. "Sair ou ficar no armário"? Eis a questão! Estudo sobre as razões e os efeitos do *coming out* no ambiente de trabalho. **Economia & Gestão**, Belo Horizonte, v. 17, n. 48, p. 82-97, set./dez. 2017. Disponível em: <http://periodicos.pucminas.br/index.php/economiaegestao/article/view/17167/13066>. Acesso em: 11 maio 2021.

RAGINS, B. R. Understanding Diversified Mentoring Relationships: Definitions, Challenges and Strategies. In: CLUTTERBUCK, D.; RAGINS, B. R. (Ed.). **Mentoring and Diversity**: an International Perspective. New York: Routledge, 2011. p. 23-53.

RIBEIRO, T. V. A. et al. Gestão de ambientes multiculturais em alianças estratégicas: o caso Renault-Nissan. In: ENCONTRO DE GESTÃO DE PESSOAS E RELAÇÕES DE TRABALHO, 1., 2007, Natal. **Anais...** Disponível em: <http://www.anpad.org.br/admin/pdf/ENGPR167.pdf>. Acesso em: 11 maio 2021.

ROBBINS, S. P. **Comportamento organizacional**. 11. ed. Tradução de Reynaldo Cavalheiro Marcondes. São Paulo: Pearson, 2005.

ROBBINS, S. P.; JUDGE, T. A.; SOBRAL, F. **Comportamento organizacional**: teoria e prática no contexto brasileiro. 14. ed. Tradução de Rita de Cássia Gomes. São Paulo: Pearson, 2010.

ROSA, A. R. Relações raciais e estudos organizacionais no Brasil. **Revista de Administração Contemporânea**, Rio de Janeiro, v. 18, n. 3, p. 240-260, maio/jun. 2014. Disponível em: <https://www.scielo.br/pdf/rac/v18n3/v18n3a02.pdf>. Acesso em: 11 maio 2021.

ROSA, M. E. A. et al. Empresa inclusiva? Uma análise comparativa dos discursos de dirigentes e trabalhadores com deficiência de uma empresa cooperativa. In: ENANPAD, 37., 2013, Rio de Janeiro. **Anais...** Rio de Janeiro: Anpad, 2013. Disponível em: <http://www.anpad.org.br/admin/pdf/2013_EnANPAD_GPR2058.pdf>. Acesso em: 11 maio 2021.

RYNES, S.; ROSEN, B. A Field Survey of Factors Affecting the Adoption and Perceived Success of Diversity Training. **Personnel Psychology**, v. 48, n. 2, p. 247-270, June 1995.

SALARIO.COM.BR. **Salário**: cargos e salários. Disponível em: <www.salario.com.br>. Acesso em: 11 maio 2021.

SALES, G. S. de. **Comprometimento organizacional à luz das gerações baby boomers, X e Y**: estudo de caso do Centro de Ciências e Tecnologia (CCT) e Centro de Humanidades (CH) da Universidade Federal de Campina Grande. Monografia (Graduação em Administração) – Universidade Federal de Campina Grande, Campina Grande, 2018. Disponível em: <http://dspace.sti.ufcg.edu.br:8080/xmlui/bitstream/handle/riufcg/12186/GABRIEL%20SILVA%20DE%20SALES%20-%20TCC%20ADMINISTRA%c3%87%c3%83O%202018..pdf?sequence=1&isAllowed=y>. Acesso em: 11 maio 2021.

SANTOS, L. dos. **Orgulho LGBTQI+**: conheça o significado de cada letra e a luta por respeito à diversidade. 18 jun. 2020. Disponível em: <https://cidadaniaejustica.to.gov.br/noticia/2020/6/18/orgulho-lgbtqi-conheca-o-significado-de-cada-letra-e-a-luta-por-respeito-a-diversidade/#:~:text=Ainda%20que%20muitos%20saibam%20o,de%20forma%20mais%20completa%20a.>. Acesso em: 11 maio 2021.

SARAIVA, L. A. S.; IRIGARAY, H. A. dos R. Políticas de diversidade nas organizações: uma questão de discurso? **Revista de Administração de Empresas**, São Paulo, v. 49, n. 3, p. 337-348, jul./set. 2009. Disponível em: <http://www.scielo.br/scielo.php?script=sci_arttext&pid=S0034-75902009000300008&lng=en&nrm=iso>. Acesso em: 11 maio 2021.

SARFATI, G. Gestão multicultural. **GV Executivo**, v. 10, n. 2, p. 36-39, jul./dez. 2011. Disponível em: <http://bibliotecadigital.fgv.br/ojs/index.php/gvexecutivo/article/view/22880/21645>. Acesso em: 11 maio 2021.

SCHEIN, E. H. **Cultura organizacional e liderança**. Tradução de Ailton Bomfim Brandão. São Paulo: Atlas, 2009.

SCHERER, A. As dez práticas mais frequentes nas empresas para a inclusão racial. **Exame**, 21 nov. 2018. Disponível em: <https://exame.com/negocios/as-dez-praticas-mais-frequentes-nas-empresas-para-a-inclusao-racial/>. Acesso em: 11 maio 2021.

SCHERMERHORN JR., J. R.; HUNT, J. G.; OSBORN, R. N. **Fundamentos de comportamento organizacional**. 2. ed. Porto Alegre: Bookman, 1999.

SCHMIDMEIER, J.; TAKAHASHI, A. R. W. Competência intercultural grupal: uma proposição de conceito. **Cadernos EBAPE.BR**, Rio de Janeiro, v. 16, n. 1, p. 135-151, jan./mar. 2018. Disponível em: <https://www.scielo.br/j/cebape/a/DrjGDHCdGrYLJdcpd9PcBpD/?lang=pt&format=pdf>. Acesso em: 11 maio 2021.

SCHMIDMEIER, J.; TAKAHASHI, A. R. W.; BUENO, J. M. Group Intercultural Competence: Adjusting and Validating Its Concept and Development Process. **Revista de Administração Contemporânea**, v. 24, n. 2, p. 151-166, 2020. Disponível em: <https://pdfs.semanticscholar.org/ba1d/9baacd8d24c5ec84183f01cd1119c311f469.pdf?_ga=2.240889667.1789094272.1617180363-912173697.1617026585>. Acesso em: 11 maio 2021.

SCHULER, R. S.; DOWLING, P. J.; DE CIERI, H. An Integrative Framework of Strategic International Human Resource Management. **Journal of Management**, v. 19, n. 2, p. 419-459, Apr. 1993.

SCOTT, J. W. **Gender and the Politics of History**. New York: Columbia University Press, 1988.

SHEN, J. et al. Managing Diversity through Human Resource Management: an International Perspective and Conceptual Framework. **The International Journal of Human Resource Management**, v. 20, n. 2, p. 235-251, Feb. 2009.

SILVA, N. B. da; ORSI, A.; NAKATA, L. E. Análise da produção acadêmica sobre gestão internacional de recursos humanos entre 2001 e 2011. **Revista de Carreiras & Pessoas**, São Paulo, v. 3, n. 3, p. 50-60, set./dez. 2013. Disponível em: <https://ken.pucsp.br/index.php/ReCaPe/article/view/17703/13196>. Acesso em: 11 maio 2021.

SILVA, P. M. M. da. **Gestão da diversidade em organizações do ramo da construção civil**. 112 f. Dissertação (Mestrado em Administração) – Universidade Potiguar, Natal, 2015. Disponível em: <https://www.unp.br/wp-content/uploads/2016/06/dissertacao-marlon-medeiros.pdf>. Acesso em: 11 maio 2021.

SINAIT – Sindicato Nacional dos Auditores Fiscais do Trabalho. **Manual de aprendizagem profissional**: o que é preciso saber para contratar o aprendiz. Brasília, 2019. Disponível em: <https://www.gov.br/trabalho/pt-br/inspecao/areas-de-atuacao/manual-da-aprendizagem-2019.pdf>. Acesso em: 11 maio 2021.

SMOLA, K. W.; SUTTON, C. D. Generational Differences: Revisiting Generational Work Values for the New Millennium. **Journal of Organizational Behavior**, v. 23, n. 4, p. 363-382, June 2002.

SNELL, S.; BOHLANDER, G. **Administração de recursos humanos**. Tradução de Maria L. G. Leite Rosa e Solange Aparecida Visconti. São Paulo: Cengage, 2014.

SPITZBERG, B. H.; CHANGNON, G. Conceptualizing Intercultural Competence. In: DEARDORFF, D. K. (Ed.). **The Sage Handbook of Intercultural Competence**. Thousand Oaks: Sage, 2009. p. 2-52.

SROUR, R. H. **Poder, cultura e ética nas organizações**: o desafio das formas de gestão. 2. ed. Rio de Janeiro: Elsevier, 2005.

STOCKDALE, M. S.; LEONG, F. T. L. Barriers to Women in Management Careers: Confirmatory Factor Analysis of the Women as Managers Scale. **Journal of Career Assessment**, v. 2, n. 1, p. 70-81, Jan. 1994.

TANAKA, E. D. O.; MANZINI, E. J. O que os empregadores pensam sobre o trabalho da pessoa com deficiência? **Revista Brasileira de Educação Especial**, Marília, v. 11, n. 2, p. 273-294, maio/ago. 2005. Disponível em: <https://www.scielo.br/pdf/rbee/v11n2/v11n2a8.pdf>. Acesso em: 11 maio 2021.

TAPSCOTT, D. **A hora da geração digital**: como os jovens que cresceram usando internet estão mudando tudo, das empresas aos governos. Tradução de Marcello Lino. Rio de Janeiro: Agir Negócios, 2010.

TEIXEIRA, M. O. O que gera e perpetua a segregação, a discriminação e as desigualdades salariais. In: LEONE, E. T.; KREIN, J. D.; TEIXEIRA, M. O. (Org.). **Mundo do trabalho das mulheres**: ampliar direitos e promover a igualdade. São Paulo: Secretaria de Políticas do Trabalho e Autonomia Econômica das Mulheres; Campinas: Unicamp, 2017. p. 67-90. Disponível em: <https://www.eco.unicamp.br/images/publicacoes/Livros/geral/Mundo%20do%20trabalho%20das%20mulheres_ampliar%20direitos%20e%20promover%20a%20igualdade.pdf>. Acesso em: 11 maio 2021.

THOMAS JR., R. R. A diversidade e as organizações do futuro. In: HESSELBEIN, F.; GOLDSMITH, M.; BECKHARD, R. (Ed.). **A organização do futuro**: como preparar hoje as empresas de amanhã. São Paulo: Futura, 1997. p. 353-364.

THOMAS JR., R. R. **Beyond Race and Gender**: Unleashing the Power of Your Total Work Force by Managing Diversity. New York: Amacon, 1991.

THOMAS JR., R. R. **World Class Diversity Management**: a Strategic Approach. San Francisco: Berrett-Koehler, 2010.

THOMAS, D. A.; ELY, R. J. Making Differences Matter: a New Paradigm for Managing Diversity. **Harvard Business Review**, v. 74, n. 5, p. 79-90, Sept./Oct. 1996. Disponível em: <https://ideas.wharton.upenn.edu/wp-content/uploads/2018/07/Paradigms-for-Engaging-a-Diverse-Workforce_Thomas-Ely-1996.pdf>. Acesso em: 11 maio 2021.

TOLEDO, A. P. L.; BLASCOVI-ASSIS, S. M. Trabalho e deficiência: significado da inclusão no mercado formal para um grupo de jovens com síndrome de Down. **Cadernos de Pós-Graduação em Distúrbios do Desenvolvimento**, São Paulo, v. 7, n. 1, p. 83-96, 2007. Disponível em: <https://www.mackenzie.br/fileadmin/OLD/47/Graduacao/CCBS/Pos-Graduacao/TRABALHO_E_DEFICIENCIA.pdf>. Acesso em: 11 maio 2021.

TONELLI, M. J. O desafio da diversidade. **GV Executivo**, v. 17, n. 4, jul./ago. 2018. Disponível em: <https://rae.fgv.br/gv-executivo/vol17-num4-2018/desafio-diversidade>. Acesso em: 11 maio 2021.

TROMPENAARS, F. **Nas ondas da cultura**: como entender a diversidade cultural nos negócios. Tradução de Claudiney Fullmann. São Paulo: Educator, 1994.

TUNG, R. L. Managing Cross-National and Intra-National Diversity. **Human Resource Management**, v. 32, n. 4, p. 461-477, 1993.

UNESCO – Organização das Nações Unidas para a Educação, a Ciência e a Cultura. **Convenção sobre a Proteção e Promoção da Diversidade das Expressões Culturais**. Paris, 2005. Disponível em: <http://unesdoc.unesco.org/images/0015/001502/150224por.pdf>. Acesso em: 11 maio 2021.

UNESCO – Organização das Nações Unidas para a Educação, a Ciência e a Cultura. **Declaração Universal sobre a Diversidade Cultural**. 2002. Disponível em: <https://www.oas.org/dil/port/2001%20Declara%C3%A7%C3%A3o%20Universal%20sobre%20a%20Diversidade%20Cultural%20da%20UNESCO.pdf>. Acesso em: 11 maio 2021.

USP – Universidade de São Paulo. Comissão de Direitos Humanos. **Manifesto 2000**: por uma cultura de paz e não violência. Disponível em: <http://www.direitoshumanos.usp.br/index.php/UNESCO-Organiza%C3%A7%C3%A3o-das-Na%C3%A7%C3%B5es-Unidas-para-a-Educa%C3%A7%C3%A3o-Ci%C3%AAncia-e-Cultura/manifesto-em-defesa-da-paz-2000.html>. Acesso em: 11 maio 2021.

VERGARA, S. C.; IRIGARAY, H. A. R. Os múltiplos discursos sobre diversidade no ambiente de trabalho. In: ENANPAD, 31., 2007, Rio de Janeiro. **Anais...** Disponível em: <http://www.anpad.org.br/admin/pdf/EOR-B214.pdf>. Acesso em: 11 maio 2021.

VIOLANTE, R. R.; LEITE, L. P. A empregabilidade das pessoas com deficiência: uma análise da inclusão social no mercado detrabalho do município de Bauru, SP. **Cadernos de Psicologia Social do Trabalho**, São Paulo, v. 14, n. 1, p. 73-91, jun. 2011. Disponível em: <http://pepsic.bvsalud.org/pdf/cpst/v14n1/v14n1a07.pdf>. Acesso em: 11 maio 2021.

YANNOULAS, S. C. **Dossiê**: políticas públicas e relações de gênero no mercado de trabalho. Brasília: CFEMEA; FIG/CIDA, 2002. Disponível em: <https://www.cfemea.org.br/images/stories/publicacoes/dossiepprgmt.pdf>. Acesso em: 11 maio 2021.

ZWIELEWSKI, G. Desafios da expatriação. **Portal Fator Brasil**, 7 jul. 2009. Disponível em: <http://www.revistafatorbrasil.com.br/ver_noticia.php?not=83185>. Acesso em: 11 maio 2021.

Sobre a autora

Patricia Itala Ferreira é graduada em Psicologia (1993) pela Pontifícia Universidade Católica do Rio de Janeiro (PUC-Rio) e mestre em Administração de Empresas (1997) pela mesma instituição.

Há mais de 25 anos atua em projetos de consultoria em gestão de pessoas e educação corporativa. É professora da PUC-Rio em cursos de graduação e pós-graduação, nas modalidades presencial e a distância, em disciplinas como: Psicologia Aplicada à Administração; Empreendedorismo; Criatividade e Inovação; Atitude e Comportamento Empreendedor; Competências Gerenciais; Metodologia de Pesquisa; e Gestão de Pessoas. É tutora da Fundação Getúlio Vargas (FGV) On-line, além de exercer a docência em outras instituições de ensino, lecionando na pós-graduação em Gestão da Educação a Distância na Universidade Federal Fluminense (UFF) e em Educação Empreendedora, em parceria com o Departamento de Educação da PUC-Rio e com o Serviço Brasileiro de Apoio às Micro e Pequenas Empresas (Sebrae).

Autora dos livros: *Clima organizacional e qualidade de vida no trabalho* (GEN/ LTC, 2013); *Atração e seleção de talentos* (GEN/ LTC, 2014); *Gestão por competências* (GEN/LTC, 2015); *Comunicação Empresarial* (Atlas, 2016); e do curso *on-line Psicologia Aplicada* à *Administração* (GEN/Atlas, 2018). Foi finalista do Prêmio Ser Humano da Associação Brasileira de Recursos Humanos (ABRH) 2014 e 2018 e ganhadora da premiação em 2015 e 2016 na categoria Trabalhos Acadêmicos.

Em seu *blog* compartilha pequenos textos de sua autoria, podendo ser acessado no seguinte *link*: <https://gennegocios egestao.com.br/author/tricia/>.

Os papéis utilizados neste livro, certificados por instituições ambientais competentes, são recicláveis, provenientes de fontes renováveis e, portanto, um meio responsável e natural de informação e conhecimento.

FSC
www.fsc.org
MISTO
Papel | Apoiando
o manejo florestal
responsável
FSC® C103535

Impressão: Reproset
Julho/2023